여행 보내주는 남자

여행 보내주는 남자

초판 1쇄 발행 2015년 4월 18일 / 초판 21쇄 발행 2018년 4월 20일
지은이 박배균
발행인 유준원
고문 강원국
편집 박주연
디자인 현상옥
발행처 도서출판 더클
공급처 명문사
출판신고 제2014-000053호
주소 서울시 금천구 가산디지털1로 212 코오롱애스턴 709호
전화 (02)857-3086
팩스 (02)2179-9163
전자우편 thecleceo@naver.com

ISBN 979-11-953239-5-1

이 도서의 국립중앙도서관 출판예정도서목록(CIP)은 서지정보유통지원시스템 홈페이지(http://seoji.nl.go.kr)와 국가자료공동목록시스템(http://www.nl.go.kr/kolisnet)에서 이용하실 수 있습니다. (CIP제어번호 : CIP2015010786)

여행 보내주는 남자

5년 만에 100배 성장 신화를 이루어낸
후불제 여행사 CEO 박배균 대표의 성공 노하우

박배균 지음

도서출판 더클

인류 역사상 가장 위대한 인물 칭기즈칸.
(1995년 워싱턴포스트지 선정)
알렉산더, 나폴레옹, 히틀러가 정복한 땅을
합친 면적보다 더 넓은 영토를 가진 칭기즈칸.
칭기즈칸은 말했다.
"성을 쌓는 자는 망할 것이요.
끊임없이 나아가는자만이 살길이다"

칭기즈칸

집안이 나쁘다고 탓하지 마라.

나는 아홉 살 때 아버지를 잃고 마을에서 쫓겨났다.

가난하다고 말하지 마라.

나는 들쥐를 잡아먹으며 연명했고,

목숨을 건 전쟁이 내 직업이고 내 일이었다.

작은 나라에서 태어났다고 말하지 마라.

그림자 말고는 친구도 없고 군사로만 10만.

백성은 어린애, 노인까지 합쳐 2백만도 되지 않았다.

배운 게 없다고 힘이 없다고 탓하지 마라.

나는 내 이름 석 자도 쓸 줄 몰랐지만

남의 말에 귀 기울이면서

현명해지는 법을 배웠다.

너무 막막하다고,

그래서 포기해야겠다고 말하지 마라.

나는 목에 칼을 쓰고도 탈출했고,

뺨에 화살을 맞고 죽었다 살아나기도 했다.

적은 밖에 있는 것이 아니라 내 안에 있었다.

나는 내게 거추장스러운 모든 것을 깡그리 쓸어버렸다.

나를 극복하는 그 순간 나는 칭기즈칸이 되었다.

위기는 지나간다

현재 투어컴은 5만 여명의 회원과 60여 개의 지사를 갖고 있다. 누군가 말했다.

"사장님 아래 회원들이 많아서 좋으시겠어요."

그 말은 틀렸다. 회원의 수는 나와 함께 발을 맞추어 걷는 사람의 숫자다. 결코 '아래' 가 아니다.

인생의 성공과 실패를 나누는 기준은 무엇일까. 나는 성공의 자리에도 있었고, 실패의 자리에도 있어봤다. 일련의 사건들을 통해 내린 결론은, '나의 생각'으로 성공과 실패가 가려진다는 게 정확하다는 것이다. 한 명의 회원을 더 받기 위해, 혹은 하나의 상품을 더 팔기 위해 발이 부르트도록 걸어본 적이 있는가? 나는 있다.

하루 온종일 걸어 발이 붓고 굳은살이 생겼지만, 한 명의 회원도 못 받거나, 단 하나의 상품도 못 팔았다면 이건 과연 성공일까 실패일까?

대부분의 사람들이 나를 판단하는 기준은 결과다. 사람들은 내 일을 두고 안타까운 실패라고 말한다. 하지만 이건 실패가 아니다. 내가 움직인 시간, 한 명의 사람에게 더 말을 걸었던 순간들이 내 안에 남아 있다면 그건 성공이다.

나는 고졸이다. 고등학교를 졸업하고 처음한 일은 마을 이장이었다. 20대 대부분의 시간을 농사짓는 데 보냈다. 무료하고 같은 일을 반복했을 거라는 단순한 예상으로 나를 판단한다면 그건 틀린 얘기다.

사람들이 모여 사는 곳, 이 이야기 저 이야기가 실타래처럼 엉켜있는 어떤 공간에서도 단조로운 일상이라는 건 없었다.

나를 이야기 할 때 꼭 나오는 말이지만, 사실 표면적으로 봤을 때 대단한 이력은 아니다. 오히려 그 반대일 수도 있다. 이렇다 할 실패의 시간도 없었던 20대의 시간이었다. 당시에는 무엇을 시작할 수 있을까? 라는 고민 앞에서 늘 무너졌다. 이렇다 할 내세울만한 게 하나도 없었기 때문이다.

그러다 뒤늦게 시작을 했다. 이다음의 삶은 혹독한 시련의 연속이었다. 사업을 시작했고, 순식간에 망해버렸다. 내가 완벽하게 실패자였던 순간이었다. 별다른 방도가 없었다. 나는 전국으로 영업을 하러 다녔다. 사실 모든 포장된 말을 빼고 나면 떠돌이 생활이라는 말만 남는다. 그랬다. 마치 집이 없는 떠돌이처럼, 전국을 집삼아 돌아다녔다.

성공하기 전에는 집에 들어가지 않겠다고 다짐했다. (물론 이 일들에 대해서는 본문에 자세하게 쓰여 있다.) 2년이 넘도록 여관방 월세생활을 했다. 내 앞으로 쌓인 빚은 무려 18억이었다. 누군가가 죽기 전까지 벌 수 없을지도 모를 돈을 빚으로, 마이너스로 쌓아 둔 셈이었다. 사람들은 그 돈 어떻게 갚았냐고 되묻는다. 나도 가끔 궁금해진다. 금융권도 아닌 오로지 개인채무로만 쌓인 저 많은 빚을 어떻게 다 갚았을까.

그땐 오로지 한가지 생각뿐이었다. 그 돈을 갚기 전까지 집에 돌아갈 수 없다고 말이다.

나의 지금은 다르다. 나는 세계 최초 후불제 여행사를 창립했고 5년이 지난 지금 회사는 100배 성장되었다. 100배 성장은 결코 쉽지 않았다. 남보다 100배 더 열심히 뛰어야 했고, 남보다 100배 특이하게 해야 했다.

후불제라는 말에 사람들의 의심을 잠재우기 위한 노력도 말 그대로 눈물겹게 했다. 어떻게든 다른 사람의 기준으로 성공해야겠다는 마음 하나였다.

당장 독자 눈앞에 마이너스 18억이 있다고 생각해보자. 그렇게 어떻게든 갚았다고 했을 때, 그 일을 다시 할 수 있을까? 할 수 있다 해도 눈앞이 칠흑처럼 캄캄해지는 건 막을 수 없다.

초판 12쇄를 찍었다. 그리고 이렇게 개정증보판을 내면서 내 시련에 대해서 더 말하고 싶다.

누구에게든 시련은 들이 닥친다. 초대한 손님이 아닌데도 무작정 우리 집에 들어와 내 의자에 여유롭게 앉는다. 초대하지 않은 손님, 시련이라는 실패 앞에서 주저앉아 있는 누군가에게 나는 내 이야기를 하고 싶다.

이 책의 제목은 알다시피『여행 보내주는 남자』이다.

여행이란, 세상을 구경하는 것만이 아니다. 우리 삶의 굴절 또한 하나의 여행이다. 나는 그저 내 진솔한 여행기를 많은 사람에게 보여주고 싶다. 내의 삶의 여행, 굴절을 통해… 그리고 내가 만든 여유로운 삶의 안쪽으로 당신을 초대하고 싶은 마음으로 이렇게 다시, 책을 쓴다.

2015년 가을이 깊어가는 10월.

박 배 균

Contents

3부 내 안을 깊게 보는 눈을 키워라

Contents

6부 덜어내는 일에서 시너지 효과를 얻는다

7부 봄은 온다

1부

"생각의 전환점에 성공이 있다"

생각을 바꾸는 일이 가장 어렵다
-세계 최초 후불제 여행사

삶은 선택이다. 선택에 있어 가장 중요한 건, 남들과 다른 선택이다. 내 삶은 고정관념과의 전쟁이라고 말할 수 있다. 로버트 프로스트의 〈가지 않은 길〉이라는 시처럼 두 갈래의 길에서 선택해야만 할 때, 나는 다른 사람이 가지 않은 길을 택했다. 그리고 내 인생은 바뀌었다.

사람들은 말한다. 쉽게 말한다. 생각을 바꾸라고. 하지만 생각을 바꾸는 일은 어렵다. 어려워도 바꿔야 한다. 그래야만 성공의 열쇠를 가질 수 있다. 나는 가끔 주머니를 뒤져 열쇠를 찾아보고는 했다. 집 열쇠든 회사 열쇠든 어느 하나 쉽게 바뀌지 않았다. 성공의 열쇠는 내 주머니에 없어 보였다.

나는 누군가가 말하는 '생각을 뒤집는 데' 고민한 적이 있다. 당연히 쉽지만은 않다. 그런데 분명한 건 어려울 일도 아니라는 거다. 생각은 적당할 때가 좋다. 생각을 많이 한다고 해서 원하는 걸 가질 수 있다면, 누가 일을 하겠는가. 그냥 방구석에 처박혀서 밥 먹고 생각만 하면 된다.

생각을 뒤집는 일을 시작하려면, 남들이 하지 않은 일을 생각해야 한다. 그래야만 다른 생각인 거다. 이미 나온 생각을 떠올리는 건 남의 뒤를 쫓겠다는 말과 다르지 않다. 나는 먼저 지금 없는 일을 생각했다. 이왕이면 세계 최초는 어떨까 생각했다. 난 생각을 바꾸기 위해 움직이는 일부터 시작했다.

당시 나는 상조회사 이사로 재직 중이었다. 그리고 상조회사 그룹 안에 여행사를 같이 운영하고 있었다. 여행사는 매달 천만 원 이상 적자상태였다. 다른 경영진들은 여행사를 없애버리는 게 어떠냐고 했다. 나도 그 생각에 반대하지는 않았다.

기업 운영은 최대한 이윤이 많이 남는 게 장땡이다. 적자상태를 유지하는 여행사는 탄탄하게 운영되고 있는 상조회사까지 위협할 수 있었다.

나는 가만히 생각했다. 내 휴대전화에 저장된 지인들을 둘러봤다. 총 1200여 명의 지인들 중 나를 통해 여행을 간 사람은 30명에 불과했다. 가까운 지인들도 나를 통해 안가는 데 다른 사람이라고 별 수 있겠냐는 생각이 들었다. 나도 다른 경영진들의 말에 한 마디를 더할 수 있었다.

"그래, 그거 없앱시다."

혁신이 필요했다. 물론 여행사로 혁신을 떠올린 건 아니었다. 우후죽순 생겨나는 상조회사를 이길 방법을 떠올렸다. 정기적으로 모임을 갖는 곳에서 먼저 말했다. '혁신'을 해야겠다고 말이다. 사람들은 가만히 내 입이 열리길 기다리고 있었다.

"상조회사를 후불제로 운영하는 건 어떨까요?"

다른 것들과 차별을 두자는 최초의 생각이었다.

상조회사들은 비슷한 방식으로 운영되고 있었다. 정해진 돈을 받고, 집안에 일이 생겨 큰돈이 필요할 때 돌려주는 식이다. 월 정기적으로 내는 돈으로 한 번에 목돈이 나가는 걸 대비할 수 있다. 단, 부족한 돈은 개인이 보태야 했다.

내가 말한 후불제는 부족한 돈을 상조회사에서 주는 방식이다. 개인은 계속해서 회사에 돈을 내면서 부족했던 돈을 갚는 거다.

이건 보통 상조회사와 다른 생각이었다. 혁신이었다.

"어떻게 그 고객을 믿죠?"

나는 반문했다.

"고객은 어떻게 나를 믿고 돈을 냈던 거죠?"

개인과 기업 간의 사이를 증명하는 건 고작 얇은 종이 한 장이다. 종이 한 장으로 서로를 믿는다는 건 조금 우습기도 하다. 그 안에 빼곡하게 적혀있는 내용을 아는 사람은 사실 아무도 없다. 곧 개인과 기업은 알 수 없는 사이와 다르지 않다.

수많은 계약조건으로 사인을 하고 나서도 개인이 안 내거나, 기업에서 안 주는 경우도 있다. 모든 계약서가 허수 같았다. 그 허수 안에서 서로 '우리는 약속을 했다.'라고 믿는 거다. 그저 '믿음'이다.

"그거 좋네요. 여행도 그렇게 가면 좋겠고요."

여행? 순간 아차 싶었다. 왜 여행사에서 이 생각을 하지 못했을까? 후불제라는 건 회원제라는 이야기다. 여행을 가기 위해 나를 통할 수밖에 없다는 얘기다. 이거다 싶은 마음이 들었다.

나는 모임에서 돌아와 후불제를 여행사에 접목시키기로 마음먹었다. 회원을 만드는 게 우선이었지만, 그 전에 제대로 된 체계가 필요했다. 회원을 더 끌어오고, 내가 더 많은 이윤을 남기는 것보다 중요한 일이었다.

복잡한 건 회사든 개인이든 질색이다. 무보증, 신용으로만 회원을 모집하기로 했다. 이 안에 체계가 필요했다. 서로 약속을 지킬 구실을 만드는 셈이다.

적립금과 같은 금액을 지원해주기. 서로 복잡한 이자, 보증관계 없애기. 최소한 6개월 연체되지 않은(약속을 지킨) 고객에게 지원해주기.

생각할 때는 꽤나 복잡했지만, 정리하니 간단했다. 소리 내서 읽었다. 내가 들어도 솔깃해야 했다.

이제 움직이는 일만 남았다. 회원을 어떻게 모집할까 머리를 굴렸다. 어쨌든 지인이 최고다, 라는 생각이 들었다. 모임에 초대한 친구에게 연락을 했다.

"모임이 언제라고 했지?"

그렇게 친구들 모임마다, 행사마다 찾아갔다. 딱 오 분. 홍보 시간을 달라고 했다. 오 분이면 충분했다. 그 시간 안에 흥미를 못 끈다면, 오십 분이라는 시간이 있어도 마찬가지다. 나는 사람들에게 알리는 게 목적이지 설득이 목적은 아니었다. 오 분이 끝나고 질문이 있다면 그건 절반의 성공이라고 생각했다.

매 모임마다 질문을 받았다. 절반의 성공이 모였다. 그렇게 투어컴은 5만 명의 회원과 4백여 개의 지점을 갖게 됐다. 절반짜리 성공이 모여, 딱 이만큼 성장했다.

생각의 전환과 행동

이 두 가지만 있어도 어디서든 투어컴이 생겨날 수 있다. 가장 중요한 건, 행동이다. 나는 행동하는 사람이 무섭지, 생각하는 사람은 무섭지 않다. 행동이 갖고 있는 동적인 힘은 아무도 못 따라간다고 자부한다. 내가 행동을 통해 성공에 가까워졌기 때문이기도 하다. 무언가 바라는 목표가 있다면, 외적으로 '행동'이라는 무서운 무기를 갖기 바란다. 이건 총과 칼보다 강력하다.

모든 건 어렵다고 생각하는 순간부터 어려워진다. 쉽게 생각하고 무조건 움직이는 것. 이게 성공의 열쇠를 주머니에 넣을 수 있는 최고의 방법이다.

실패는 누구나 한다

사람들이 나에게 성공이라고 말을 할 때 알았다.

"어라? 이게 성공이구나."

나는 성공하고 싶었지만, 막상 성공을 했을 때 쉽게 알아차리지 못했다. 누구나 하는 말이겠지만 고생을 꽤 했다. 고생 뒤에 얻은 성공이었다. 남들처럼 천천히, 탄탄하고 매끄러운 길을 걷지 않았다. 이런저런 일을 하고 숨을 몰아쉬고 있으니, 다들 내게 축하한다고 말했다.

내 최초의 이력은 마을 이장이다. 고등학교 졸업 후, 이십 대의 시간을 마을 이장으로 일했다. 젊은 청년 이장이었다. 마을 이장 그까이꺼, 라고 생각할지 모른다. 어느 일이든 쉬운 게 있다면 좋을 텐데 알다시피 그런 일은 절대 없다.

마을의 소소한 일부터 시작해 큰일까지 내 손이 닿지 않으면 안 됐다. 나라에서 해마다 나오는 비료를 나누는 일도 쉬운 게 아니었다. 서로가 섭섭하지 않게 나눠야 하지만 비료를 쪼개고 쪼개다보면 가져가는 양은 한 주먹일 뿐이었다. 서로 섭섭하지 않게 하는 일이 각자 섭섭해지는 일이 될 뿐이었다. 이럴 땐, 양해를 구하고 어려운 곳에 몰아주는 게 능사다.

마을 주민 대부분이 나보다 한참 나이가 많았다. 어르신들을 모시고 일을 한다는 건 보통일이 아니다. 궂은 일만 하는 게 아니라, 궂은 생각까지 다 떠안아야 한다. 이런 궂은일에서도 분명한 건, '배울 게' 있다는 거다.

이 기간 동안 사람을 섬기는 방법과 인성을 키웠다. "이런 걸 따로 배워야 해?"라고 생각한다면, 시골 내려가서 일 하는 걸 권한다. 아무리 노력하고, 기어이 성공을 한다고 해도 사람으로서 기본이 안 되어있다면 언젠가는 망한다. 사업이든, 사람 관계든 어디서든 구멍이 날 수밖에 없다. 그 구멍을 채워줄 동료도 당연히 곁에 없다고 확신한다.

나는 시골에서 10년 동안 농사를 했다. 앞서 말했듯 젊은 마을 이장으로 나서기도 했다. 마을 주민들 일을 내 일처럼 생각하고 일했다. 10년을 시골에서 지냈지만 여전히 나는 젊었다. 이곳저곳에서 나를 불렀다. 마을 관련 된 행사부터 이해관계가 엮인 전부를 쏘다녀야 했다. 그러다보니 농사는 뒷전이 되고 빚이 쌓였다.

"도시로 나가자."

나는 여전히 젊었고 무얼 시작해도 가능했다.

처음 도시로 나와 시작한 일은 예식장 운영이었다. 경영악화로 문을 닫기 직전의 예식장을 쉽게 인수할 수 있었다. 동업자와 머리를 붙이고 앉아 계획을 짰다. 2년 동안 진행된 식이 70건에 불과한 곳이었다. 예식장은 많고, 싼 곳도 많았다. 그걸 이길 수 있는 경쟁력이 부족했다.

"공짜로 하자."

내 말에 동업자가 웃었다. 어이없어 하는 게 이상한 일은 아니었다. '예식비 무료' 지금은 흔한 얘기다. 하지만 당시에는 파격세일을 넘어선 일이었다.

'공짜로 운영하면 이익은 어디서 내지?'

그건 하객들의 식사 값이면 충분했다. 식장에서 밥을 먹는 건 당연하다. 뷔페를 예식장에서 운영하고 이익을 낸다면 식장 값은 충분히 메울 수 있을 거라 장담했다.

내 장담은 사실로 드러났다. 공짜라는 소문을 타고 예약자가 넘쳐났다.

입소문이라는 건 무서웠다. 내가 따로 동네방네 떠들지 않아도예식을 진행한 사람들이 알아서 입소문을 내주었다. 예식장 주인의 열 마디 말보다 식을 치른 사람의 한 마디 말이면 충분했다. 1년 만에 250건이 넘는 식을 진행했다. 이정도면 성공이다 싶었을 때, 내부에서 일이 터졌다.

잘 되는 사업은 누구든 욕심이 생긴다. 욕심. 이게 무섭다. 서로가 협력하자고 시작했지만, 막상 나누는 일에는 인색해졌다. 나는 상대가 사람인 싸움에는 약하다. 그냥 내가 다른 걸 시작하면 되지 싶었다. 어차피 한 번 무無에서 유有를 이루어봤다. 두 번이라고 어렵지 않을 것 같았다.

버릇처럼 생각부터 했다. 무엇이 새로운 아이템이 될 수 있을까, 라는 고민에 빠졌다.

한창 PC방이 생기던 때였다. 나는 우선 따라가기로 했다. PC방을 차렸다. 하나의 점포를 운영하는 건 별 이득이 없어 보였다. 나는 전라북도 최초로 PC방 체인 사업을 시작했다. 한 점포에 PC 30대에서 50대가 운영되었다. 얼마나 남겠냐 싶지만, PC 1대에 100만 원 꼴로 꽤 큰 수익이 남았다. 장사는 잘 되는 것처럼 보였다. 하지만 단점은 있었다.

PC방은 이미 있었던 사업이다. 아무 기술 없는 내가 달려든 것처럼, 다른 사람들도 달려들기 쉬운 사업이었다. 경쟁력이 필요했지만, 다른 대안이 쉽게 떠오르지 않았다.

그 사이 특성화 된 PC방 체인점도 전국적으로 늘어났다.

첫 단추가 잘못 끼워진 느낌이었다. 쉽게 두 번째 성공을 할 수 있을 거라는 확신이 무너졌다. 그러면서 확인 했다. '처음', '최초'가 왜 중요한지 말이다. 독보적이라는 건 따라올 수 없다는 말과 같았다. 걸어온 길에서 뒤돌아섰다. 처음으로 돌아가야 했다.

다시 생각했다. 이번에는 인터넷에 초점을 맞추었다. 앞으로 인터넷 없이 살 수 없을 거라는 확신이 들었다. 확장될 수밖에 없는 시장이다. 인터넷의 보급화로 발전하는 게임도 생각했다. 게임을 만드는 건 무리가 있어 보였다. 생각을 정리하고 곧장 서울로 올라갔다. 생각의 끝에는 무조건 행동이 시작 되어야 하니 말이다.

인터넷 서버를 다룰 줄 아는 사람과 데이터베이스 관리자를 모집했다. 그리고 당시 최고의 게임이던 스타크래프트 순위 서버를 만들었다.

사람은 존재를 확인하기 위해 존재하는지도 모른다. 그만큼 자신의 위치를 확인하고 싶어 한다. 스타크래프트 게임을 하는 사람은 많다. 그리고 자신의 순위를 알고 싶어 하는 사람도 많다. PC방에 프로그램을 팔았다. 쓸 수밖에 없게 만들었다. 이것도 꽤나 잘 됐다. 인터넷 무료화 바람이 불기 전까지는 말이다.

인터넷이 활성화 되는 걸 넘어 다양한 무료가 쏟아지는 시장이라는 건 예측 못했다. 더 이상 PC방에서 유료로 내 프로그램을 쓸 일이 없었다. 나는 다시 또 되돌아 걸어야 했다.

되돌아 걷는 길은 참 쓸쓸하다. 출발점에서 멀어졌다고 생각했는데, 다시 출발점으로 돌아가는 길에는 아무것도 보이지 않는다.

처음 출발점에 서서 준비운동을 하고 마음을 단단히 만든다. 그리고 달리기 시작한다. 빠르게 움직이는 시야, 주변 풍경이 재빠르게 바뀌고 결승선이 보이기 시작한다. 잡힐 듯 잡히지 않지만, 결승선이 보인다는 것만으로도 발은 탄력을 받고 움직인다. 하지만 숨 막히게 뛰어 도착하고 나니, 결승선이 아닌 전환점이었을 때의 허무함. 다시 출발선으로 돌아가야 한다는 걸 깨달을 땐, 다리에 힘이 풀려 버린다.

출발선에 서서 보이지 않는 결승선을 다시 찾았다. 온몸의 방향을 바꾸고 더 먼 곳에 시선을 두면서 보이지 않는 결승선을 찾는 일을 다시 해야 했다.

쉬운 일은 없다.

이게 정답이다. 성공한 사람들은 말한다. 어려웠다고. 하지만 어렵다고 성공하는 것도 아니다. 눈앞에는 넘어야 할 산만 수십 개다. 다 넘었다고 생각하면, 또 넘어야 한다. 이상한 노릇이다. 왜 모든 고비는 넘었다고 생각할 때 시작되는지 말이다.

어렵다고 피하면 안 된다. 이것도 정답이다. 쉬운 일만 찾는다면, 발전은 없다. 게으름에 적응된 몸만 남을 뿐이다. 나는 게으른 몸은 필요 없다고 생각했다. 그래서 어려운 일도 참아냈다.

오로지 기다렸다. 그 어려운 일이 몸에 적응되기를 말이다.

고객님, 돈은 여행 다녀오신 다음에 주세요

기업과 소비자의 관계는 단순하다. 소비자가 기업의 상품이나 서비스를 구매하는 구조다. 기업들은 각종 규제를 통해서 소비자와 기업 사이에 일정한 거리를 만들었다. 은행도, 보험사도, 통신사도 마찬가지다.

기업의 서비스나 상품을 이용할 때 일정한 돈을 내야하는 사이. 그 이상의 것은 안 보인다. 하지만 우리는 다르다. 우리는 가입하는 고객들에게 말한다.

"여행비용은 다녀오신 다음에 주시면 됩니다."

내가 이 말을 하면 고객들의 눈이 휘둥그레진다. 어느 여행사가 여행객의 여행비를 미리 내주던가. 우리는 가능하다. 처음 시작이 그랬고, 앞으로도 그럴 예정이다. 보증서나 각서, 기업과 소비자의 단순한 관계를 증명하는 사인조차 요구하지 않는다. 우리는 우선 믿는 일부터 시작했다.

사람들은 불안하지 않았냐고 묻는다. 불안할 필요는 없었다. 투어컴을 생각하고 시작할 때 많은 사람들이 물어본 것 중 하나가 이거다. "사람들이 여행 다녀와서 돈 안내면 어째요?" 우선 이건 내가 걱정할 일이다. 걱정과 배려는 감사하지만, 내 몫이다.

계속 묻기에 나도 질문을 던졌다. "고객님, 여행 다녀오신 다음에 돈 안내실 건가요?" 당연히 아니라고 한다. 여행비 떼어먹기. 계획하고 실행하기에는 조금 소박하다. '나'도 그렇게 안 할 거면서, 왜 '남'이 그럴 거라고 짐작을 할까? 앞서 말했듯이 우리 회사는 고객과 믿음으로 신용을 쌓은 관계다. 약속을 지키면 나도 지킨다. 의심하지 말자, 우선은 믿고 보자.

나는 생각이 떠오르면, 그 생각을 따라 머릿속에 구상을 한다. 그림을 그리는 것이다. 그리고 내 안에서 그림에 어울리는 색까지 결론이 나오면 바로 실행한다. 어차피 생각도 결정도 내가 하는 일이다. 내 생각이 옳으면 다른 사람 말은 배제하는 포부는 있어야 한다.

해외여행이 지금만큼 흔하지 않았다. 매번 텔레비전에서 해외여행 인구가 늘어난다고 떠들었다.

"여행? 좋지. 아니 여행 싫어하는 사람이 있어?"

여행을 싫어하는 사람은 없다. 나는 아직 본 적 없다. 다만, 일상의 굴레에서 여행을 못 가는 경우는 봤다. 간혹 시간이 난다해도 돈이 없다는 소리를 한다. 사실 돈은 없는 게 아니다. 한 번에 들어가는 목돈을 과연 여행으로 써도 될까하는 문제와 마주하고 있을 뿐이다. 우리는 아직까지 여행을 사치처럼 생각하고 있다. 여행은 사치가 아니다. 누구나 향유할 수 있는 자신만의 시간이다.

'해외여행'이라고 하면 우선 겁부터 먹는 게 사실이기는 하다. 하지만 자주 여행을 다닌 사람들은 여행이 드는 비용에 비해 얻는 게 더 많다는 걸 알고 있다. 나도 그 생각을 하는 사람 중 한 명이다.

머리가 복잡할 때마다 걸었고, 떠났다. 돌아올 때마다 늘 빈손으로 돌아왔지만, 마음에 무언가 가득 담긴 건 확실했다. 모든 걸 돈과 연결 짓는다면, 집에서 밥 먹고, 일하고, 숨만 쉬는 게 딱이다. 무미건조한 삶이 목표였다면 말리지는 않는다. 하지만 이게 목표인 사람은 아무도 없다고 생각한다.

'후불제 여행사'라고 했을 때 돈을 나중에 낸다는 것만 기억한다. 하지만 '회원제'인 것도 기억해야 한다. 고정된 회원 고객을 보유하고 여행상품을 판매하는 전략이다. 회원제 효과를 장점으로 살리기 위해서는 회원들이 한 번 투어컴을 통해 여행을 다녀온 뒤에 모든 여행을 투어컴을 통해 갈 수 있도록 만들어야 한다.

그렇다면 필요한 건 고객만족이다. 후불제라는 제도는 금액에 대한 부담을 덜어주는 게 첫 번째지만, 여행을 만족하지 않으면 돈을 내지 않아도 된다는 말이다. 또 내 걱정을 하면서 "정말 그러다 다들 돈 안

내면 어쩌시려고요?"라고 묻는 사람은 이제 없을 거라 생각한다. 예상했겠지만, 이 역시 내 몫이다.

모두의 예상을 뒤엎었다. 다녀와서 돈을 안 낸 사람은 없었다. 양해를 구하는 고객은 있었다. 이건 모두가 예상한 '돈 떼어 먹는 사람'이 아니다. 약속을 이행하는 고객들이다. 고객과 사람은 확연히 다르다. 사람이라고 할 땐 불특정 오천만 인구 전부지만, 고객은 투어컴을 믿고 돈을 내는 5만 여명의 회원들이다. 나는 5만 여명의 회원들만 믿으면 된다.

크게 생각해야 하는 일이 있고, 작게 생각해도 되는 일이 있다.

나는 회원제에 초점을 맞추고 그림을 크게 그렸다. 반대로 유지하지 않거나 납입을 정지할 수 있는 일부분의 이탈 고객에 대해서는 작게 생각했다. 큰 그림에 있는 회원수가 더 크게 남아 있었다. 걱정만 앞세울 시간은 필요 없었다.

대소大小를 가려내는 안목을 키워야 한다. 이것도 노하우가 필요하다. 작은 결과에 연연하지 않도록 해야 한다. 작은 일에만 매달리면 큰일에서 멀어져 간다. 그때그때 상황에 맞춰 머리를 움직여야 한다. 지나고 나면 생각도 안 날 작은 일은 무조건 미뤄둬야 한다.

노하우는 여행을 통해서도 얻을 수 있다. 나는 일을 하면서 배운 만큼, 여행을 하면서 깨달은 일이 많았다. 내가 여행을 추천하는 이유는 이 깨달음 때문이다. 정확한 답을 찾으러 간 적도 있었고, 아닌 적도 있었다. 하지만 정답을 찾으러 간 게 아닐 때도, 늘 돌아오는 길에 해답 하나를 얻었다. 여유로운 시간에서 다른 시야로 내 일을 바라봤기에 가능했다.

여유만이 여행을 할 수 있는 조건은 아니다. 여행을 통해 여유를 늘리는 게 더 쉽다. 우리는 아직도 스스로를 낮추면서 '여유'라는 말을 두려워한다. 마치 여유는 돈 있는 사람들이 누리는 거라 생각하기 때문이다. 여유를 멀리두면 둘수록 우리의 마음은 가난해진다.

마음이 가난한 사람은 오로지 지금 현실밖에 볼 줄 모른다. 하지만 사람은 현실에서만 살지 않는다. 수많은 과거를 지나쳐왔고, 과거와 현재가 만들 미래를 살아야 한다. 지금이라는 순간이 중요한 건 사실이지만, 지금이라는 시간을 여유 있게 즐기고 노력하는 자에게만 해당되는 이야기다.

여유 있다는 사람 만나기 어렵다. 여유라는 걸 멀리서 찾으면 누구나 여유 없이 달리는 삶이다. 가정에서든, 학교에서든, 직장에서든 여유는 없다. 그렇다고 여유를 찾아 모든 행동을 멈추라는 말은 아니다. 그 쉼 없는 거리를 단거리 달리기로 생각하지 말고, 긴 수행의 걸음이라고 생각을 바꾸자. 빠르게 걸어도 되고, 느리게 걸어도 된다. 잠깐 서서 숨을 고르는 시간도 필요하다.

여유는 내가 만드는 거다. 결코 자연스럽게 만들어지지 않는다. 휴가나 방학, 주말이라는 짧은 시간에도 여유를 찾아야 한다. 줄곧 매달려왔던 일에서 몸을 쉰다고 생각하지 말고, 다른 곳을 향해 걸어 보기도 해야 한다.

여행은 여유를 만들어 준다.

후불제라는 건 '여행비를 여행을 다녀온 후에 달라는 말'보다 '여유를 충분히 즐긴 다음에 여행비를 지불 하라는 말'에 더 가깝다. 잠깐 현실에서 머무르는 휴식보다는 멀리서든 가까이에서든 다른 곳을 본 여유가 당신 인생을 설계하는 힘이 된다.

컴플레인 제로 달성

고객과 컴플레인은 세트다. 고객을 마주하겠다는 건 컴플레인도 상대해야 한다는 말이다.

불만은 일상처럼 일어난다. 특히 내가 돈을 내고 그에 맞는 서비스를 받지 못했을 때, 불만은 쉽게 터져 나온다. 컴플레인 처리는 그림자와 싸우는 일이다. 형체는 있지만 붙잡을 수 없다. 어떤 상황에서 어떤 불만이 나올지 예측하기 어렵다.

실수를 안 하는 게 가장 좋은 방법이다. 하지만 사람은 실수하는 동물이다. 예측할 수 없는 상황까지 생각하면 불만은 사람의 실수만으로 나오는 문제가 아니다.

여행사를 하면서 불확실한 일기예보와 싸우게 됐다. 일기예보는 자주 빗나갔다. 예상된 보도일 뿐이었다.

비행기는 어떠한가. 마찬가지다. 이륙과 착륙은 내가 정하는 게 아니다. 거기에 날씨까지 보태지면, 고객의 불만은 한계점까지 쌓인다. 이게 터지느냐 마느냐는 개인 기질에 따라 다르다. 하지만 곰곰이 생각해보면 고객은 참 많은 이해심을 갖고 있다. "그걸 그냥 뒀어?"라고 말하는 사람들도 막상 자신이 그 상황에 놓이게 되면 이해를 한다. 모든 고객을 부정적으로 볼 필요는 없다.

최악의 상황을 만들고 그 상황에 맞춰 미리 대비하는 일보다 중요한 건 많다. 첫째, 믿는 거다. 그럴 수도 있지만 아닐 수도 있다는 걸 염두에 두어야 한다. 많은 걱정이 수많은 문제를 이끌고 오기 마련이다. 일기예보든 비행기 문제든 충분히 이해받을 수 있는 일이다. 생기지 않는 경우의 수가 더 크기도 하다.

국제로터리 단체 여행을 스페인으로 짠 적이 있었다. 비행기 일정을 제대로 체크하지 못한 탓에 하루 늦게 출발하게 됐다. 일정이 하루씩 밀려나는 큰 사건이었다.

이럴 땐 감추면 안 된다. 간혹 실수를 감추려 하거나, 축소시키기 위해 노력하는 사람들이 있다. 그건 방법이 될 수 없다. 한 번 얼렁뚱땅 넘어갈 수 있겠지만, 두 번은 그럴 수 없다. 두 번까지 가능하다면 분명 미래에 있을 큰 행운을 끌어다 쓴 거다.

실수는 하지 않는 게 가장 좋다. 하지만 이미 벌어진 실수를 수습할 땐 인정하는 게 먼저다. 우리는 실수를 인정했다. 처음 실수를 알아차

렸을 때는 어떻게 해야 할지 상황판단이 어려웠지만, 인정 하고나니 오히려 편안해졌다. 다음으로 해야 할 일이 명확해졌기 때문이다.

다음은 사과다. 원하는 요구를 묻고, 듣기 전에 중요한 건 진심어린 사과다. 사과는 '진심'이라는 말을 다시 들여다보고 해야 한다. 진심 없는 사과는 안 하는 게 낫다.

같은 처리라도 사람의 말과 행동에 따라 다르게 느껴진다. "죄송합니다. 어떻게 해드릴까요?"보다는 "고객님, 저희가 미처 확인하지 못해 불편 드린 점 죄송합니다. 불편 드린 부분에 대해서 저희가 사고처리를 해드릴 예정입니다. 남은 여행 기간 더 편안하게 보내실 수 있도록 도와드리겠습니다. 어떤 부분에 대해 도와드리면 될지 말씀 부탁드립니다." 그저 말의 길이 차이라고만 생각한다면, 다시 '진심'이라는 말을 들여다보기를 권한다.

말 한마디에 천 냥 빚을 갚는다는 건 괜한 말이 아니다. 고객은 '나'를 생각하고 하는 말인지, 숙제처럼 처리되는 일 중에 하나로 '나'를 대하는지 단번에 알아차린다. 이미 내 마음에 고객이 들어와 있다고 생각하고 말을 해야 한다. 읽히는 게임에서 굳이 나쁘게 읽힐 필요는 없다.

대부분의 고객은 사고처리로 금액 조정을 말한다. 우리는 여행 할인과 숙소 업그레이드로 마무리 지었다. 고객이 금액 할인을 말하는 건 당연하다. 이걸 꼬아서 생각하거나, 사족을 붙일 필요는 없다. 실수를 인정한다는 건, 고객의 요구를 어떤 방향에서든 받아들이겠다는 자세다. 책임지는 것이다.

한 번은 중국 구채구에서 불만이 나왔다. 구채구는 해발 3천 미터에서 비행기가 뜨는 곳이다. 워낙에 안개가 많은 곳이다 보니 그날도 비행기 이륙이 지연됐다. 모두들 아우성이었다. 우리는 고객과 함께 발을 구르는 것밖에 할 수 없다. 마음 같아서는 굿이라도 하고 싶었다.

앞서 말했듯이 후불제라는 건 고객이 만족하지 않았을 때, 금액을 받지 않겠다는 말이다. 간혹 이런 상황으로 피해를 봤다는 고객이 생기기도 한다. 우리의 문제가 아니었어도 고객들은 쉽게 불만을 던진다. 그리고 상황을 정리 해주길 기다린다. 컴플레인은 늘 예측한 곳에서만 생기는 게 아니다. 이럴 때도 대응을 해야 한다. 그게 고객 만족이다.

회원제는 이럴 때 장점이 나온다. 우리는 한 번, 일회성 고객을 마주하는 게 아니다. 첫 번째 만족은 고객을 향하도록 해야 한다. 그 다음에 회사의 만족을 생각해야 한다.

'잘 하면 또 올 수도 있는 고객'이 아니라, '잘 하면 계속 우리와 함께 가는 고객'이다. 그러다보니 고객의 불만을 최소한으로 만들어야 했다. 우리와 고객 사이에는 믿음과 신뢰가 있어야 한다. 직원들에게도 최대한 '이해하는 자세'를 강조하는 이유다.

당신이 다녀온 여행이 마음에 들지 않을 때는 과감하게 따지고, 이유를 말해라. 쿨하게 돈을 줄여라. 우리는 모든 게 가능하다. 고객은 여행지에 떠나기 전부터 우리와 믿음을 쌓았다. 뭐든 해줄 수 있다는 기본자세가 '후불제 여행사 투어컴'에는 있다.

직원들에게도 강조한다. 다른 곳이 안 된다고 말하는 사항도 우리는 최대한 긍정적으로 살펴보고 처리해야 한다는 걸 말이다.

불만을 줄일 수 있지만, 제로가 되기는 어렵다. 그래도 우리의 목표는 '컴플레인 제로'다. 불가능은 없다고 생각해야 한다. 때때로 우리의 믿음을 해치는 건 자신 스스로가 만든 벽이다.

'이 벽은 못 넘는 벽이다. 최대한 넘을 수 있을 정도로만 연습해 보자.'

처음 목표를 벽을 넘는 일로 맞추다가도 금세 한계치를 드러내고 목표를 낮추는 경우가 있다. 목표가 낮아진다는 건 내 능력도 낮추겠다는 말이다. 능력을 스스로 깎아내리지 말자. 능력은 최대한이라는 목표를 올리면, 자연스럽게 따라 올라간다.

컴플레인 제로라는 목표를 이루면 고객은 따라올 수밖에 없다. 이건 어디에서든 분명하다. 상대의 불만에 귀를 기울이고, 가려운 등이 있다면 대신 긁어 줄 수도 있어야 한다. 당신의 성공은 상대의 불만이 적어야 가능성이 높아진다.

명함은 내 얼굴이다

내가 명함을 주면 사람들은 나를 한 번 더 쳐다본다. 그것도 그럴 것이 명함에는 내 사진과 함께, 그달이 쓰여 있다. 명함 위에 '2015년 4월 명함'이라고 쓰여 있는 식이다. 배경도 계절에 맞춰 바꾼다. 명함을 달마다 바꾸는 걸 택한 이유는 하나다. 상대방에게 '인상'을 남기기 위해서이다.

사업을 하든, 직장에 다니든, 작은 모임을 가든 우리는 일상적으로 명함을 건네고 받는다. 명함은 내 이름과 위치를 뚜렷하게 알리는 가장 쉬운 방법이다. 네모나고 똑같은 명함은 다른 사람 주머니에서 사라지기 일쑤다. 처음 만났을 때, 건네지고 상대방의 주머니에서 쉽게 사라질 명함을 만드는 건 이해되지 않았다. 게다가 다 똑같은 형식의 명함을 받았을 때, 누가 누구였는지 헷갈리기도 했다.

그래서 나는 명함에 내 얼굴을 넣었다. 내가 잘 생겨서? 잘 알려진 사람이라서? 아니다. 다만 내 명함을 상대방이 주머니나 명함철에서 발견했을 때, "아!"라는 한 마디라도 나와야 한다고 생각했기 때문이다. 상대에게 내 인상을 남기는 하나의 방법이었다.

사진만으로 인상을 남기기란 어렵다. 그래서 나는 명함 위쪽에 그해, 그달을 썼다. 사진만 넣었을 때와는 확실하게 다른 반응이 나온다. 적어도 "어? 이게 뭐죠?"라는 질문을 받게 된다. 명함을 통해 처음 만나는 사람과 10분 이상 대화를 하게 됐다. 자연스럽게 투어컴에 대한 이야기까지 이어진다. 명함의 힘이었다.

인사치레로 주고받는 명함은 필요 없다. 이왕 내 이름을 새긴 종이라면, 한 번 더 나를 알려야 한다. 상대가 명함을 들여다보고 나를 한 번 더 보게 된다. 거기서 끝나지 않고, 한 마디 말까지 덧붙여서 건넨다는 건 대단한 수확이다. 손바닥보다 더 작은, 고작 얇은 종이라는 관점에서 벗어나기 때문이다.

우리는 다양한 사람들을 만난다. 필요에 의한 관계도 있고, 아닌 관계도 있다. 하지만 사람을 쌓는다는 건 꽤나 즐거운 일이다. 좁은 세상에서 언제 또 다시 마주칠지도 모르니 말이다. 그런 것까지 예상한다면 강렬한 인상을 남기는 걸 대수롭지 않게 여기면 안 된다.

한 번 맺은 인연이 중요하듯, 스치듯 지나가는 사람이 훗날 인연을

맺을 수도 있다. 이왕이면 인상을 제대로 남겨야 한다.

인상을 남기는 일

인상을 남기는 일이 쉬울 거라 생각하는 사람은 없다. 특히나 사업을 하는 사람은 인상 남기기가 어려운 만큼 얼마나 중요한 일인지 알아야 한다. 가끔 '색깔 없는 사람'을 볼 수 있다. 인상이 없다는 얘기다. 내가 그 사람에게 어떻게 인식되기도 전에 아무 인상도 남길 수 없는 사람이라는 건 조금 슬픈 이야기다. 우리는 존재감으로도 힘을 얻을 수 있는 '사람'이기 때문이다. 우리는 개인의 방식으로 '인상'을 남겨야 한다.

인상을 남기는 일에 대해 각자의 방식을 만들어야한다. 보통 인상 깊었다고 얘기할 때 시각적 기억을 많이 떠올리는 편이다. 상대를 옷이나 생김새 특징, 행동을 통해서 기억한다. 나도 가장 빠르게 인상을 남기는 방법을 택했다. 명함이라는 걸 통해서 말이다. 내 외모적 특징이 강할 수도 아닐 수도 있지만, 명함에 들어가 있는 나라는 존재는 분명 다른 인상을 남겼다.

명함을 택한 이유는 다른 이유도 있다. 앞서 말했듯이 나는 다양한 사업을 했다. 지인을 만났을 때, 다시 명함을 건네기 민망할 때도 있었다. 하지만 다시 시작한 사업을 모른 척 넘길 수는 없다. 계속해서 알려야 했다. 이전과 다른 회사가 아닌, 기존의 것과 다른 명함을 보여주는 일은 강한 인상을 남길만한 일이었다.

사람들의 이목을 끈다는 건 대단한 일이다. 나는 이목을 끌기 위해 내가 잘 하는 방법을 택했다. 남들이 안 하는 일 처음으로 시도하기.

이걸로 말이다. '최초로 하기'를 어렵게 생각하지 말자. 명함이라는 작은 것부터 시작해도 충분하다.

명함이 내 얼굴이다. 라고 생각하고, 2010년부터 시작한 일이다. 남과 다른 경쟁력이라고 생각이 들자, 장기전으로 돌입했다. 긴 시간동안 이 방법을 유지하니 재미있는 일도 있었다.

한 번은 정읍 지역 지점장이 내 명함 12장을 들고 왔다. 각 다른 명함이었다. 1년에 열두 번 이상 본 사이라는 증거였다. 달마다 봤다는 사실에 놀라지 않을 수 없었다. 서로의 관계를 명함으로 확인했다는 걸 보고 놀라 웃을 수밖에 없었다.

오현숙 정읍 지점장과의 인연은 남다를 수밖에 없다. 제일 먼저 투어컴 지점장이 된 분이다. 나에게는 '투어컴의 처음'이라는 말로 인상을 남긴 분이다. 여든이 넘은 연세에도 불구하고 아직도 활발하게 여행을 다니고, 지점장 일을 놓지 않고 있다.

생각해보면 인상을 남긴다는 건, 나처럼 무언가를 이용하는 방식이 있고, 오현숙 지점장처럼 그 나이대와 다른 활동으로도 충분히 인상을 남길 수 있다. 인상을 남긴다는 걸 굳이 특이한 행동이나, 옷 등으로 한정지을 필요는 없다. 외부적인 특이함으로 인상을 남기는 일은 간혹, 너무 인상 깊어서 그 특이한 모습으로만 기억될 뿐이다.

최초라는 걸 어렵게 생각하면 안 된다.

다시 최초라는 말로 되돌아왔다. 강조하는 만큼 어렵고, 강조하는 만큼 중요한 일이기 때문이다. 쉬운 일부터 시작하는 것도 하나의 방법이 된다. "최초라는 말을 어떻게 쉽게 생각할 수가 있죠?" 이 말에 물론 동의한다. 남들보다 먼저라는 말은 이미 흔한 정답이다. 쉽게 떠올릴 수 없다는 게 함정이다.

하지만 모든 일에서 쉬운 방법을 찾아볼 수 있다. 가장 쉬운 방법으로는, 스스로 최초의 일을 만들어 보면 된다. 가령 처음으로 새벽 운동을 시작한다거나, 처음으로 멀리 여행을 간다거나, 처음으로 혼자 밥을 먹는다거나 하는 일이다.

스스로 처음 하는 일은 무궁무진하다. 내가 계속 강조하는 최초를 모든 사람들의 최초라고 생각하고 어렵게 만들 필요는 없다.

천천히 가도 된다. 넉넉한 시간이 필요하다. 인생이라는 길고 긴 길을 바쁘게 달려봤자, 빠르게 끝에 가까워질 뿐이다. 혼자 처음 하는 일을 만들다보면, 남들과 다른 길이 보인다. 굵은 자갈이 깔린 길에서, 모래밭에서, 아스팔트가 깔린 매끄러운 도로에서도 다른 길이 보이게 된다. 조금 느리게 가도 다른 길을 찾는 눈이 생긴다면 그걸로 충분하다.

덧붙여 말하자면, 스스로 최초를 생각하며 하는 행동 중 안 좋은 일은 절대 없다. 이건 확신한다. 스스로 '처음 하는 일'을 찾으면서 부정적이거나 해가 되는 일을 하는 사람이 있을 리 없다. 지금까지 계획만

세웠던 일을 먼저 하게 된다. 다양한 행동을 할 것이다. 자연스럽게 계획을 추진하게 된다. 그 행동은 발전의 길이 된다.

그러다보면 모든 사람들이 하지 않은 다른 걸 떠올리기 쉬워진다. 연상 작용 같은 자연스러운 일이다. 처음부터 대단한 일을 상상하려고 하지 말자. 스스로 약속하고 행동하자. 그러면 나를 깊게 들여다보는 디테일한 시각이 생긴다. 디테일한 사람은 다른 사람과 다른 걸 떠올리게 된다.

작은 일이라도 천천히. 그리고 나 스스로 최초의 일을 생각하고, 다음으로 넘어가자.

최고의 스펙

요즘 대학생들의 최대 목표는 취업이다. 취업을 위해 스펙을 쌓는 일에 몰두한다고 한다. 스펙 쌓는 일이 나쁜 일은 아니다. 하지만 지금 젊은 층의 스펙은 맹목적이다.

수치화 된 점수를 최상으로 이끄는 게 중요하고, 다른 일이나 문제에 대해서는 관심을 갖지 않는다는 게 과연 더 중요할까? 의심해볼 만한 일이다.

나도 직원들을 고를 때 스펙을 본다. 하지만 내가 보는 스펙은 요즘 말하는 스펙과는 다르다.

대외적인 활동을 더 중심적으로 본다. 물론 이 활동도 스펙이라고 생각하고 일부러 늘리는 젊은 층이 많다는 건 나도 안다. '자기소개서'를 '자기소설서'라고 부르는 것만 봐도 뻔히 알 수 있다.

하지만 맹목적으로 늘린 활동과 본인이 즐기면서 늘린 부분은 확연하게 차이가 있다. 물론 내 시각이 정확하다고 확언하기엔 무리가 있다. 그래도 종이에 적힌 말들을 그대로 읽어 보고 물어봤을 때, 면접자의 눈동자를 통해 진실이 예측되는 건 세월이 준 노하우다.

활동의 시간과 영역은 충분히 거짓말을 할 수 있다. 그러나 그 안에서의 일상적인 이야기 하나를 꺼내 물어봤을 때 대답을 들으면 판가름이 난다.

봉사활동을 자주 다닌다고 소개를 한 면접자가 있었다. 나는 어디에서 어떤 일을 했는지 물었다. 말 그대로 궁금해서였다. 봉사 장소와 활동에 대해서 유창하게 말하던 친구는 다음 내 질문에 순간 막혀버렸다. 기억나는 담당자의 이름이나 친하게 지냈다는 장애인 친구의 이름을 물어봤을 때였다.

나는 그저 딸아이와 함께 갈 수 있으면 좋겠다는 생각에서 물은 질문이었다. 순간적으로 '아무 이름이나 대야지'라고 생각하다가도 '그러다 걸리면 어쩌지? 확인하면 어쩌지?' 라는 생각으로 머릿속이 새하얗게 변했으리라 생각한다.

내가 생각하는 최고의 스펙은 진실한 이야기다. 본인을 더하지도 않고, 덜 꾸미지도 않은 그만큼의 진실 말이다.

내가 스펙에 대해서 이야기 하는 이유는 거짓말 하지 말라는 게 아니다. 바로 수치화 할 수 없는 나만의 스펙을 쌓으라는 말을 해주기 위해서다.

주변 사람들이 말한다.

"박배균 최고의 스펙은 스펙이 없다는 거야."

과연 그럴까? 이 말은 정답이기도 하지만 오답이기도 하다.

일반적인 스펙에서 나는 한참이나 동떨어져 있다. 요즘엔 뒤늦게라도 꼭 받는다는 대학 졸업장 한 장이 없다. 부모님께서도 시골 분으로 나를 사회의 중심으로 이끌어줄 형편은 아니었다.

스펙이 아예 없는 건 아니다. 말 그대로 요즘 사람들의 기준의 스펙과는 거리가 있지만, 내가 살아온 시간이 스펙이라고 믿어야 한다. 이것만큼 나를 잘 드러낼 수 있는 게 없다.

이런 의미로 미담이라는 걸 만들어 두면 좋다. 어떤 특정 인물을 지칭했을 때, 어떤 이야기가 먼저 떠오르게 만드는 일이다. 미담은 일화와 같다.

내 이름을 말했을 때, 투어컴 대표라는 말과 함께 다른 이야기가 먼저 떠오르게 만드는 일이다. 내 무스펙이 스펙이 될 수 있는 이유다.

박배균이라는 이름을 들었을 때, '대학도 안 나온 사람이…', '시골에서 마을 이장을 오래 한 사람이라던데?' 정도도 괜찮다. 그 이후에는 '실패를 한 적 있지만, 맨발로 다시 회사를 만든 게 지금의 투어컴이라고 하더라고…' 이 정도로 구체적으로 나아가면 미담 만든 일에서 성공을 한 셈이다.

미담이라는 건 스스로가 만드는 일이다. 많은 사람을 만나야 하는 이유 중에 하나다. 이건 내 스스로 이야기를 전달하는 게 좋다.

대신, 앞서 말했듯이 '자기소개서'가 '자기소설서'로 되지 않도록 말해야 한다. 결과적인 성공들만 내세워서도 안 된다. 그건 자기 자랑일 뿐이다. 지금의 나를 있게 한 이전의 어려운 장애물을 그대로 드러내야 한다. 그래야만 나의 미담이 된다.

내가 이장의 이력이나 사업을 실패한 일들을 드러내기 무서워하고, 마치 지금의 성공만을 드러냈다면 어땠을까? 미담이라는 걸 만들 수도 없을뿐더러, 사람들에게 '고생 없이 산 사람'이라는 어려운 이미지만 만들어 주게 된다.

사람들 심리를 단순하게 말하면 '양가감정'이다. 싫기도 하고 좋기도 한 상태다. 어느 하나 딱 정해서 말할 정도로 일차원적인 감정은 없다. 부러워하면서도 부러워하지 않는 삶을 원한다.

'고생 없이 산 사람'이라는 이미지를 어렵다고 말한 이유는 바로 이 양가감정 때문이다. 대부분 '누군가 앞에서 끌어준 삶'은 현재 나의 삶과 먼 이야기라고 생각한다. 부러워하면서도 마음 한편으로는 '입에 금수저 물고 태어난 사람'으로만 생각한다. 노력이 없었어도 당연히 높은 위치에 있어야만 한다고 생각한다. 그러면서 자기와 비교하고, '재수 없다'고까지 생각한다.

희한하게도 이게 사람 심리의 본질이다. 사람들은 명문대라는 졸업장을 부러워하면서도 그 종이 한 장만으로 성공을 했으리라 예상한다. 질투라는 감정을 완벽하게 배제하지 못한다.

이걸 나쁜 감정이라고 섣불리 말하지 않는다. 당연한 감정이다. 사람의 감정은 교과서처럼 정확하고 완벽하게 흘러가지 않는다.

요즘 나는 학사고시 영문학을 준비하고 있다. 스펙을 쌓고 싶어서? 물론 이게 완전 배제된 건 아니다. 하지만 내가 중요하게 생각하는 건 스펙이 아니다. 자신의 한계를 넘어가는 길에 공부라는 게 있던 것뿐이다.

하고 싶은 일은 다양하다. 그중에 하나가 졸업장이었다. 스펙을 중심으로 뒀다면 명문대를 기준으로 뒀을 테지만, 아니다. 나는 아직도 매번 시작하고 있다는 게 가장 큰 기쁨이다. 그리고 시작한 일 다음으로 끝맺는 일까지 해야 한다고 생각한다.

스펙이 없다고, 남들보다 수준이 낮다고 주저앉아 있을 필요 없다. 시작할 수 있는 일은 얼마든지 있다. 무엇이든 시작하고 끝을 낸다면 내 최고의 스펙으로 기록될 것이다.

좋은 스펙은 성공의 열쇠가 아니다. 많은 사람들이 찾는 성공은 단 하나로 귀결될 수 있다. 그것은 바로 변화다. 결국 내가 먼저 변화하는 것, 스펙을 다른 방향으로 설정을 한다거나, 남들과 다른 길을 선택하는 일이다.

변화를 열망만 하면 안 된다. 만약 열망한다면 어떤 고민도 없이 변화를 선택해야 한다. 내가 생각하는 성공의 법칙은 결코 변하지 않는다. 내가 스스로 확인한 이 법칙을 독자들도 믿고 선택해 보길 바란다.

2부

“이윤을 남기지 말고 사람을 남겨라”

결국 남는 건 사람이다

마더 테레사는 일평생 3만여 명을 껴안았다고 한다. 그녀가 안은 사람의 숫자가 중요한 게 아니다. 많은 사람을 껴안았다는 일보다 한 번에 한 명씩 깊이 안아주었다는 게 중요하다.

급한 발걸음을 세워, 사람을 안는 일은 어렵다. 하지만 내 발을 잠시 멈춰 타인을 안는 일은 중요하다. 그렇게 한 사람씩 껴안은 사람만이 내 일 또한 한 걸음씩 묵묵히 걸을 수 있다.

사업에서 성공을 거두면 남는 건, 돈이기도 하고 명예이기도 하다. 그밖에 부수적으로 남는 것들은 더 많다. 보통 사람들이 생각하는 성공은 돈과 명예다. 어렸을 때부터 남들이 강요하는 '성공의 정답'이다. 정답을 벗어나서 더 남겨야 할 게 있다. 바로 사람이다.

사람들은 사람이 가장 무섭다고 말한다. 직장생활 1개월만 해도 안다. 내부에 있는 적이 얼마나 무서운지 말이다. 하지만 반대로 사람이 얼마나 고마운 존재인지에 대해서도 알게 된다.

나와 마음이 맞는 사람, 오래 지낸 사람은 명예처럼 쉽게 사라지거나 돈처럼 순간적이지 않다. 사람은 무서운 만큼 힘이 있다. 곁에서 나를 부족하게 하는 사람보다 나를 빛나게 하는 사람이 더 많은 게 사실이다.

살다보면 이런 일도 있고, 저런 일도 있다.

나는 여러 사업을 했다. 동업을 하기도 했다. 사업의 시작점에서는 그보다 좋은 친구가 없다. 하지만 결과가 난 뒤로는 대부분 대립만 남아있다. 어려울 때 대립은 대립이라고 말하지 못한다. 그건 결과에 대한 아쉬움이 만든 잠깐의 일이다.

사업이 성공하면 대립은 다른 성격으로 변한다. 약육강식 밀림에 던져진 사자처럼 서로를 물지 못해 안달이 난다. 나는 대립 때문에 잘 되는 사업에서 한 발씩 물러선 적도 있고, 뒨통 당한 적도 있다. 그래도 사람이 이익보다 우선이라는 생각은 변함없다.

사업의 목적은 돈이다. 사업을 자기만족이라 말하거나, 그냥 하는 일이라고 대수롭지 않게 얘기하는 사람도 있다. 사업을 하고 있고, 잘 되든 망하든 보여줄 수 있는 건 무엇일까? 수익률이다. 수익률은 돈이다. 어떤 목적에서도 돈은 떼려야 뗄 수가 없다.

돈, 돈 한다고 돌을 던지는 사람 없다. 어차피 자본주의 경쟁사회에서 숨 쉬고 있다. 죽거나 살거나 문제는 우리 의지가 아니다. 시장이 내모는 경우가 많다. 우리는 빠르게 움직이고 방어해야 한다. 시장경제는 단순하다. 단순함에 몸을 맞출 수밖에 없다.

단순함에 맞춰진 습관 때문인지 대부분이 대립을 쉽게 생각한다. 이기는 장사가 낫다는 식으로 변하게 된다. 어린 아이도 안다. 이기는 게 더 좋다는 걸 말이다. 하지만 누군가를 밟고 이기는 방법에서 벗어나야 한다. 그 방법은 언젠가 나도 밟히게 될 운명이라고 직관해야 한다.

돈은 쓰는 대로 사라진다. 돈이 끝까지 나와 함께 한다면, 그건 돈이 아니다. 있을 때도 있고, 없을 때도 있는 법이다. 상조회사 삼성라인을 운영할 때 개인적 차용금이 18억 있었다. 개인투자로 받은 돈이었다. 사업이 어려워질수록 자금압박에 시달렸다. 투자자들은 매일같이 닦달했다. 내가 잘못 한 일이라는 걸 깨달았을 땐, 이미 파산상태였다.

파산상태라는 건 꽤나 어두운 길이다. 가족은 가족대로 어려워지고, 내가 돈을 빌린 사람들도 어려워졌다. 자신감이 사라졌다. 어떻게든 모든 일에 책임을 지고 싶었지만 돈은 없었다.

누군가 말했다. 바닥에 있으면 바닥을 치고 올라갈 수 있다고 말이다. 하지만 바닥이라는 곳은 생각보다 깊다. 아무리 양팔을 위로 뻗고 발을 굴러도 지상에 닿지 못했다. 발을 구르면 구를수록 더 깊은 아래로 가라앉는 기분이었다.

사방이 어둠인 곳에서 도망가고 싶었다. 그래도 도망가지 않았다. 실패를 마주했다. 움직이던 발도 그대로 두었다. 어차피 지금 벌어진 일이었다. 곰곰이 생각을 했다. 우선 잘못에 대한 책임은 져야 했다.

난 개인차용을 쓴 사람들을 찾아가거나 연락했다. 시간을 조금만 더 달라고 했다. 그대로 바닥에 잠겨 있기에 나는 젊었다. 몇 명은 화를 냈고, 몇 명은 나를 이해했다. 이해한 사람 중 한 명이 말했다. "어차피 지금 닦달해도 자네한테 돈이 나오겠나. 그저 열심히 노력해서 천천히 달라는 말밖에 할 말이 없지." 체념한다는 말이었다. 하지만 그 말이 얼마나 고마웠는지 모른다. 우습게 들릴지도 모르겠지만, 그 당시 나는 "너를 믿는다."라는 말로 들렸다.

나는 지방을 돌아다니며 일을 했다. 그리고 돈이 생기면 바로바로 돈을 갚았다. 그건 꼭 해야만 하는 일이었다.

그렇게 몇 년의 시간이 지난 뒤 모든 돈을 갚았다. 내가 한 일에 대해 책임을 졌다.

나는 아직도 나를 믿었다고 생각하는 분들에게 이자를 보내고 있다. 물론 이미 모든 돈을 갚았다. 하지만 그 사람들로 인해 지금의 내가 있다고 생각하면 더 큰 이자를 못 보내는 게 아쉬울 뿐이다.

돈으로 사람을 믿는다, 안 믿는다 기준을 나누는 건 옳지 않다. 사업이라는 특성상 돈을 사이에 둘 수밖에 없을 뿐이다. 내가 아직도 그 사람을 기억하는 이유와 그 사람들이 나를 믿었던 것. 그 두 가지만 생각하면 결국 남는 건 사람이다.

돈 앞에서 사람들은 무력해진다. 명예 앞에서도 마찬가지다. 하지만 사람 앞에서는 다르다. 각각의 삶의 방식을 이해하고 협력하면 끝까지 내 곁을 지켜준다. 사람과 함께하는 일은 어렵지 않다. 함께 밥 먹는 것부터 시작해서 함께 여행을 가는 것까지 다양하다. 마음을 터놓을 수 있는 관계를 만들고, 사람의 수를 늘려가는 '재미'도 충분하다.

나는 행복의 근간을 관계에 두고 있다. 나 홀로 여행을 떠나기도 하지만 무엇보다 재미있는 건 누군가와 함께 떠나는 여행이다.

옆에 있는 사람이 언제 어떻게 변할지는 아무도 모른다. 어차피 아무도 모르는 앞일에 감정을 소비할 필요는 없다. 내가 먼저 믿으면, 상대도 믿어준다고 생각하는 게 낫다. '구더기 무서워서 장 못 담글까'라는 말도 있다. 나중은 나중에 생각하자.

'독고다이' 마인드는 결국 혼자를 만든다. 혼자로 남겨지는 일은 썩 좋은 일이 아니다. 나 또한 어렵고 힘든 시간을 혼자 버텼다고 생각한 시간이 있었다. 하지만 내 주변에 남아 있는 건 사람이었다. 나는 사람의 힘으로 다시 바닥에서 지상으로 올라올 수 있었다.

이 말에 대해 더 이상 의심하지 말자.

직원이 쓰는 연봉
-자율적 약속

"자네 얼마 받겠나?"

신입사원 면접 때 이렇게 물어보면 다들 당황한 기색이 역력하다. 신입 기준 금액이 얼마고, 현재 평균 연봉이 얼마인지 말해주지 않는다. 면접자들은 쭈뼛거리다가도 이내 눈동자를 굴린다. '뭔 속셈이지?' 하고 의심하다가도 이내 자신의 위치에 대해서, 몸의 값에 대해서 스스로 생각한다. 그리고 연봉을 스스로 정하고 대답한다. 대부분 적당한 금액을 부르기도 하지만, 적게 혹은 많게도 부른다.

난 회사 평균 연봉이 아닌, 회사에서 받는 내 월급을 공개한다.

"나는 회사에서 이런 일을 하고, 얼마를 월급으로 받네만…"

'역시, 꿍꿍이가 있었어'라며 뜬구름 잡는 소리로 생각하면 안 된다. 나와 비교해서 꼭 내 월급 이하로 말하라는 게 아니다. 어디까지

나 예시다. 스스로 할 일에 대해서 정리하고, 회사 규모와 일에 대한 정리를 한 다음 적당한 자신의 몸값을 부르면 된다.

아직 우리 회사에 입사하지 않은 면접자와 나는 동등하다. 수평적 관계다. 내가 무조건 얼마를 준다고 큰소리칠 일이 아니다. 그러다 능력 있는 직원 놓치기 십상이다. 굳이 내 이미지 망치면서 '갑질'하지 말자.

면접자와 스무고개 하고 싶지 않다. 물론 나도 사람이라 속으로 생각한 연봉은 있다. 하지만 그건 내 생각일 뿐이다. 면접자가 생각하는 연봉을 들어야 한다. 이 방법은 자신이 할 일에 대해 체계를 잡고, 얼마만큼 할 것인지 생각하는 기회를 만들어 주는 일이다. 대표와 금액이 다르다고 문전박대하지 않는다.

높게 쓴 직원에게 묻는다. 본인이 할 수 있는 일이 어떤 일인지 말이다. 내 기준으로만 높은 건지 확인하는 거다. 면접자가 할 수 있는 능력이 그 금액과 맞는다고 생각하면 승낙한다. 반대로 적은 연봉은 쓴 사람에게도 같은 질문을 한다. 대부분 자신의 능력을 과소평가한다. 취업이 어렵다보니 자신의 몸값을 줄여서라도 취업을 택하는 사람들이 늘어났다. 이럴 땐, 알아서 올려준다.

직원이 얼마만큼의 가치를 갖고 있는지 확인 시켜주는 것도 회사의 몫이다. 월급이라는 건 한 달을 꾸리는 생활비로 멈추지 않는다. 월급은 쌓이면서 한 사람의 미래를 만들기도 한다. 나는 직원들에게 미래를 꾸릴 수 있는 알맞은 '당근'이 필요하다고 생각한다. 그 시작은 월급이다.

월급이라는 '당근'은 단순하고, 당연하다. 이걸 뛰어 넘는 당근이 필요하다. 회사 발전의 가장 기초는 직원 개개인의 발전이다.

나는 매해 직원들에게 "내 생에 최고의 한 해" 만들기를 권한다.

방법은 어렵지 않다. 매해 초 직원들이 자신의 목표를 정하고 그걸 책상 앞에 붙여 놓는 일이다. 대부분 실행할 수 있는 일부터 생각한다. 가족과의 여행을 설정해둔 직원도 있다. 잊고 있던 소중함을 다시 일깨우는 한 해가 목표다. 여직원은 다이어트를 쓰기도 한다. 개개인마다 중요하게 여기는 건 다르다. 그걸 내가 정해줄 필요는 없다. 그저 목표라는 걸 끌어내주는 일만 도와주면 된다.

다른 직원 눈에도 보이게 자신의 목표를 드러내는 건 용기가 필요하다. 서로 무언의 약속을 나눈 것과 같다. 꼭 그 약속을 지키라고 말하지 않는다. 그 해를 넘기기 전에 "최고의 한 해"를 보냈는지 확인하는 건, 오로지 본인 몫이다.

보통 회사와 다른 점이 더 있다면, 채용의 결정은 내가 아닌 다른 직원들이 한다는 점이다. 물론 나도 회사에서 직원들과 마주하고 업무를 진행한다. 하지만 더 자주 부딪히는 사람은 팀 내 다른 직원들이다. 이미 일을 하고 있는 직원들의 마음에 드는 사람이 더 효과적인 업무성과를 낸다는 게 내 지론이다.

가끔 우리 회사에 안 어울리는 사람도 있다. 하지만 팀 내 직원들 면접을 통과를 했다면 그대로 통과다. 내 의사는 중요하지 않다. 인사 관련된 부분을 팀 내 맡기겠다고 결정 내렸다면, 딴말 하지 않는다.

사실 사람은 두고 봐야 제대로 알 수 있다. 한 번에 알 것 같다고 생각해도 오래 두고 보면 생각이 바뀌기도 한다. 그렇다고 매 면접마다 직원을 오래 보고 뽑을 수는 없는 노릇이다. 수백 번씩 사람을 겪다보면 '느낌'이라는 걸 믿게 된다.

"내 생각에 이번 신입은 영 아닌 것 같아."라고 생각해도 혼자 대나무 숲에서 외쳐야 한다. 대나무 숲에서 외친 말을 들었는지, 신입 스스로가 걸어 나가는 경우도 있다. 나가는 사람은 붙잡지 않는다. 다들 각자 원하는 삶의 방향이 있다. 우리 회사가 아니라고 생각한다면, 당연히 본인이 더 원하는 곳으로 가야 한다. 마음 떠난 중에게 어떤 불경을 외우게 해도 소용없다.

우리는 성인이다. 자율적인 판단을 내릴 줄 알아야 한다. 회사가 내리는 판단에만 만족하면 발전은 없다. 때에 따라 직원은 회사의 대표라는 마음으로 결정하고, 일을 진행해야 한다. 그리고 회사는 직원들을 이끌어야 한다. 성공의식을 깨우쳐 주고 왜 일을 해야 하는지, 일을 통한 만족과 발견을 보여줘야 한다.

"그런 회사는 없습니다."라고 쉽게 판단 내리지는 말자. 어디든 최고의 상황을 설정해 두는 건 좋다. 설정한 상황이 오지 않는다고 해도, 밑그림이 그려져 있다면 그 바탕에 몸을 맞출 수 있다.

사실 회사와 직원의 관계는 필요에 의한 관계다. 어느 한 곳이 갑이라고 생각하면 안 된다. 직원이 있기에 회사가 있고, 회사가 존재하기에 직원이 있다는 공생 관계를 이해해야 한다.

지금 다니는 일이 재미가 없거나, 발전이 없다고 툴툴대는 직원도 있다.

일은 재미없다. 일이라고 생각하는데 재미가 있다면 그건 매우 긍정적인 유형이다. 스스로 찾아라. 어느 곳이든 재미라는 건 생각하기 나름이다. 직원들과의 식사시간으로 재미를 찾아도 좋고, 매출 올리는 부분에서 재미를 찾아도 좋다(물론 매출은 내 욕심이겠지만 말이다). 작은 부분에서부터 긍정적으로 생각하자.

발전이 없다는 말은 애매하다. 왜 개척할 생각을 안 하는가. 비전이 없다고 생각한다면, 그 자리에서 비전을 만들면 된다. 회사의 비전을 밝게 만드는 게 직원의 할 일이다. 세상에는 배울 일이 많다. 아무리 망해가는 회사라도 내가 그 안에 소속된 직원이라면, 쓰러지지 않게 막는 일에 최선을 다 해야 한다. 그렇게까지 하면 자신의 비전까지 안정적으로 변화된다는 걸 왜 잊는지 모를 일이다.

나는 사업가로서 욕심이 많다. 직원에게 많은 걸 바란다고 생각하지 않는다. 누구든 서 있는 자리에서 최소한의 '해야 할 일'이 있다. 이왕 해야 한다면 책임감을 갖자. 성취라는 걸 서 있는 자리에서 해결하자. 여기저기 눈 돌리고 찾아도 지금 이 자리만큼 좋은 곳이 없다고 생각하자. 그래도 만족 못한다면, 그때 서 있는 자리에서 벗어나면 된다.

쉽게 움직인다고 좋은 일이 따라오는 건 아니다. 나는 최초의 일을 생각하고, 움직인 적이 많았다. 하지만 한 번 시작을 한 뒤에는 결과의 값이 좋든 나쁘든 그 자리에 오래 서 있는 연습을 해왔다. 투어컴 또한 한 번에 잘 된 사업은 아니다. 그 자리에서 확신을 갖고 오래오래 서 있는 시간을 통해 얻은 성공이다.

한 회사에 취직을 했다면, 혹은 사업을 시작했다면. 적어도 최선을 다 한 뒤에 그 자리를 떠나야 미련이 없지 않을까 싶다. 미련을 남기는 미련한 짓은 멀리하자.

직장에서의 노하우

직장 이야기를 덧붙이고자 한다.

직장은 다녀야 하면서도 다니기 싫은 곳이다. 그럼에도 불구하고 다녀야 한다. 다니기 싫었던 학교와는 또 다르다. 그래도 다녀야 한다면 성공하는 게 좋지 않을까? 내가 계속해서 뻔한 말만 하지만 정작 아는 대로 행동하는 사람은 소수다.

그래서 직장에서 성공하는 노하우를 대표이사 입장에서 말해보고자 한다. 좋은 말 자주 들어서 나쁠 거 없다.

젊은 사람들 무섭다는 생각 자주한다. 요즘 매체에서 떠드는 것처럼 개인적 성향이 무섭다는 게 아니다. 패기가 무섭다는 말이다. 나보다 젊은 사람들의 패기는 무서워야 한다. 가끔 자신의 무서운 무기를 제대로 쓰지 못하는 사람들이 있다.

오랫동안 많은 직원과 마주했다. 나는 싹수 보이는 직원이 좋다. 싹수 보이면 무조건 눈이 가고, 잘 한 부분이 먼저 보인다.

"저 인간성 좋습니다. 그래서 친구도 많아요, 대표님."

이렇게 말하면서 자기 싹수 있다고 말하는 직원도 있다. 하지만 회사라는 공동체는 개인적 감정보다는 일이 우위에 있다는 걸 기억해야 한다. 물론 관계도 중요하지만, 직장에서는 '일'이 기초적인 판단 배경이다.

일적으로 싹수 보이는 방법은 어렵지 않다. 내가 다시 '빤하고 빤한' 회사에서 사랑 받는 방법을 말해주려고 한다.

일은 정확하고, 빠르게 처리하면 된다.

어디에서든 적용해도 된다. 모든 일의 기초라고 할 수 있다. 정 확이 먼저다. 금액이든 일정이든 어떤 내용이라도 실수를 내면 안 된다. 그 다음 중요한 건 신속이다. 손에 익으면 자연스럽게 빨라진다. 하지만 명심해야 한다. 더 중요한 건 정확이다. 속도로만 승부 보려다가는 큰 코 다친다.

가끔 구렁이 담 넘어 가듯이 설렁설렁 일처리 하는 직원도 있다. 명확하지 않은 숫자를 그대로 두고 근사치에만 맞춰두는 것이다. 값이 명확하게 1이 나와야할 때는 모든 시간을 쏟아서 1을 맞춰야 한다. 0.99의 숫자가 나올 때 비슷하다고 내버려두면 안 된다. 0.99가 계속 나올 때, 그 값일 수밖에 없는 명확한 이유를 제시하는 것. 그게 정확성이다.

믿는 사람에게 일 더 시킨다.

나는 싹수 보이는 직원들에게 강하게 채찍질 한다. 더 많이 시키고, 더 다양한 일을 시킨다. 간혹 이런 걸 못 견뎌하는 직원이 있다.

다른 회사는 어떨지 모르겠지만, 내 생각은 이게 맞다. 관심 있는 직원에게 더 중요한 일을 맡기고 싶다. 능력을 더 끌어주는 게 옳다. 못 믿는 직원에게 일을 맡기면 불안해서 잠도 안 온다.

불안한 직원을 왜 고용하느냐고? 어디든 가능성은 열려 있고, 때가 되면 기회도 줘야 한다고 생각하기 때문이다. 사람이 변하는 데 걸리는 시간은 길다. 하지만 한 번 바뀔 때는 손바닥 뒤집히듯 쉽다.

패기 있는 젊은 직원들이 요즘 변하기는 했다. 자기에게 일만 시킨다고 회사 뒷담화 하는데 패기를 보인다고 한다. 이건 아쉬운 부분이다. 일 많은 게 행복한 순간이라고 느끼는 데까지는 오랜 시간이 걸리지 않는다. 내가 그랬고, 주변의 사람들이 그래온걸 봐왔다.

뒷담화. 나도 해봤다. 만족만 있는 회사는 흔치 않다. 개개인 성향에 다 맞춰진 회사는 개인사업 뿐이다. 개인사업은 혼자 눈치 안 보고 실컷 놀고 일할 수 있다.

분명한 건, 회사는 직원이 할 수 있는 일만 시킨다. 회사는 기본적으로 손해 보는 일을 멀리하는 조직이다. 적당한 능력만큼 혹은 시도해 볼 만한 가능성으로 직원에게 일을 맡긴다.

다시 강조하지만 일은 어차피 재미없다. 그 자리에서 하나하나 성취하는 걸 재미로 삼는 방법이 빠르다. 자신의 가능성을 끌어 내리지 않길 바란다.

상사 신경 쓰이게 만드는 직원?

우선 아웃OUT이다. 최대한 신경 안 쓰이게 만들어 줘야 한다. 하나부터 열까지 확인받고 싶어 하는 직원들 있다. 일에 대한 확인인지 혹은 뒤에 일어날 수 있을 문제점을 떠넘기는 건지 모르겠지만, 하나하나 물어보는 일은 자문자답하기 바란다.

각자 위치에서 하는 일이 있다. 상사가 나보다 조금 덜 일하는 것 같다고 예측한다면 오산이다. 직급이 오를수록 더 많은 책임을 지고 있는 건 분명하다. 나는 그렇게 회사를 운영했다. 직급 올라가는 만큼 노하우와 책임이 올라간다. 그만큼의 힘까지 쥐어 줘야 맞다.

나는 결재라인 줄이는 게 가장 시급하다고 판단했다. 모든 건 팀장 역량대로 밀고 나가라고 했다. 내가 종종 해외사업 부분으로 국외에 있는 경우가 많아서 위임한 이유도 있다. 하지만 결재를 나에게까지 올릴 수 있을 만큼이면 결정은 이미 난거나 다름없다.

결과가 좋든 나쁘든 우선 믿어야 한다.

결과의 책임은 사원이 지는 게 아니다. 그 위의 상사, 그리고 그 위. 결국 내가 지게 된다. 신경 쓸 일은 누구든 많다. 그건 자신 스스로가 내 일에서 확신을 해야 한다. 회사라는 공동체는 직원의 결과 전부를 신경 써줘야 하는 곳이 아니다.

내 안에서 먼저 결과를 내리고 다음 일을 넘겨야 한다.

인맥 쌓기 모임

나는 사람들과의 관계를 가장 중요하게 여긴다. 관계 안에서 내가 도움 받기도 하고, 도움 주기도 한다. 어느 하나 손해 볼 일은 없다. 인맥은 자연스럽게 쌓인다. 하지만 더 적극적으로 움직이면 좋다. 다양한 사업을 하는 CEO를 한 자리에서 만나는 일은 쉽지 않다.

나는 POM Power Of Marketing 모임에 참여한 적이 있다. 사업을 할 때 중요한 건, 시장을 읽는 거다. 시장을 잘 알아야 살아남는다. 다양한 사람들과 소통을 하면 시장 흐름을 더 빠르게 알 수 있다고 생각했다.

POM모임에는 다양한 기업의 CEO들이 참여했다. 대화 방식이 어렵다거나, 각자 거리를 두는 딱딱한 자리는 아니었다. 각자 사업에 대해 방향을 말하고, 자유로운 피드백을 얻는 자리였다. 처음부터 알고 지낸 사람들끼리 만든 모임이라 가능했다. 함께 모여서 사업에 대한 무거운 얘기부터 꺼내는 게 아닌, 일상 얘기를 하며 밥도 먹고 차도 마시는 모임이었다.

시장의 변화는 빠르다. 시장을 읽는 눈을 갖는다는 건 흐름을 꿰뚫어야 한다는 말과 같다. 나는 처음 여행사에 대한 기대가 적었다. 유지하는 부분에만 초점을 맞추었다. 남들이 봤다면 될 대로 되라는 식이었을지도 모른다. 처음에 없애려는 생각을 했으니 다를 바 없었다. 그러나 POM모임에서 여행사에 대한 기대를 발견하게 됐다.

후불제라는 걸 다른 사업에 적용하려 했을 때, “여행사에서 하는 게 어떨까요?”라는 말을 듣게 된 것이다. 정작 그 말을 한 당사자는 정확하게 기억하지도 못했다. 하지만 나는 후불제를 어느 사업에든 적용할 수 있다면 여행사도 충분하다는 확신이 들었다.

시장을 읽는 눈이 컸다면, 처음부터 여행사에 대한 기대를 키웠을 게 분명하다. 하지만 잘 되는 사업에만 초점이 맞춰져 있었다. 근시안적으로만 앞일을 내다봤다. 시장의 변화에는 눈이 낮은 편이었다.

지금은 시장 읽는 눈이 높다고 자신 있게 말 할 수 있다. 이 안목을 스스로 배웠다고 말하기는 어렵다. 다양한 사업과 실패를 통해서 얻은 부분도 있지만, 주변을 통해 배운 게 가장 크다.

주변에 사람이 많다는 건, 나만의 성공과 실패를 바라보는 게 아닌 타인의 성공과 실패도 보고 비교할 수 있게 된다는 말이다. POM모임의 경우도 내 외부의 활동이다. 투어컴의 결과는 내가 냈지만, 처음 반전의 발판을 만든 건 외부 활동 덕분이었다.

사실 곰곰이 생각해보면 모든 시장은 연결되어 있다. 그렇다고 하나의 사업으로 시장 전부를 읽어내는 건 무리다. 시장이라는 건 점점 확대되고 있다. 기존 사업 외의 다른 사업까지 연결해서 보는 눈이 필요하다는 얘기다.

시장은 다양한 소비자와 다양한 욕구의 집합체이다. 사람들의 활동이 늘어날수록 욕구도 다양해진다. 다양한 욕구를 바로바로 채울 수 있는 아이템을 떠올려야 한다.

누가 얼마나 많은 정보를 갖고 있느냐에 따라서 결과가 달라진다는 말은 현실이 됐다. 시장을 읽어내려면 정보가 중요하다. 나는 내가 아는 정보가 전부가 아니라는 걸 진작 깨달았다. 그건 실패를 통해 배운 일이다. POM모임에서도 느꼈다.

"내가 아는 건 일부에 불과했군."

이 생각은 늘 외부에서 깨달았다.

내가 아는 게 전부가 아니다. 내가 내린 결론을 정답이라고 생각하지 말아야 한다. 남들이 말한 정답을 다시 확인하는 자세가 필요하다. 남들의 말들이 거짓이거나 정답이 아니라고 해도 그 말들을 다 배제할 필요는 없다. 가끔 정답이 아닌 길에서도 다른 길을 찾을 수도 있어야 한다.

나는 외부 모임에 참여할 때, 이왕이면 더 배우는 일은 어떨까 생각했다. 인맥을 쌓는 일만큼 중요한 건 개인의 발전이다. 개인 발전은 배움과 함께하면 좋다. 카네기클럽, 평생교육원, 리더스포럼, 로타리클럽 등 내 일과 연결이 얕다 하더라도 배울 수 있는 모임에 참여했다.

어차피 일적으로 관련 깊은 사람들은 마음먹지 않아도 쉽게 만날 수 있다. 다양한 사람들과 소통할 수 있는 계기는 노력해서 만들어야 한다. 배우는 일을 택할 때도 방법은 필요하다. 내가 평소에 관심이 있었던 분야를 택해야 한다. "이게 요즘엔 필수다."라는 식의 '카더라 통신'은 듣지 말자. 관심조차 없는 모임에서 억지로 배우는 일은 시간 낭비가 될 수 있다. 내가 몰랐던 일이라도 관심이 가는 일에 몸을 움직여야 좋다.

이렇게 여러 모임에 참여하면서 지식이 늘어났다. 시간은 허투루 흐르지 않는다. 그리고 그만큼 신경 써야 하는 일도 늘어났다. 모임에서 다양한 직책을 맡았기 때문이다.

감투를 쓴다는 건 무서운 일이다. 챙겨야 할 일이 많아진다. 그렇다고 감투를 피하려고 하지 말고, 기회로 생각해야 한다.

직책을 맡으면 자연스럽게 봉사를 할 수 있다. 봉사라면 이십 대 초반, 마을 이장을 하면서 엄청나게 한 나였다. 봉사가 어려운 일은 아니었다.

직책의 좋은 점은 여기서 온다. 내가 당연히 하는 봉사가 눈에 띈다는 점이다. 바로 티가 나고, 사람들은 고마워한다. 그 직책에서는 '어쩔 수 없이' 해야 하는 일이지만, 남들은 다 안다. 자기가 싫어서 미룬 일을 한 사람이 '나'라는 걸 말이다.

그만큼 위험하기도 하다. 조금만 잘못 해도 쉽게 드러난다는 점이다. 무리에는 굳이 안 좋은 이야기를 크게 만드는 사람들도 존재한다. 작은 실수에도 엄청난 잘못처럼 몰아세우기도 한다.

하지만 자리가 사람을 만든다는 말이 괜히 있는 건 아니다. 직책에 있다 보면 직책에 맞는 행동과 말을 하게 된다. 작은 실수라도 하는 게 사람이고, 자리다. 실수는 한 만큼 줄어든다고 믿어야 한다. 큰 잘못처럼 몰아세우더라도 의기소침해져서는 안 된다. 그 사람들도 안다. 어차피 사람은 실수를 한다는 걸 말이다.

자신에 대해서 잘 알지 못한다면, 억지로라도 직책을 맡는 게 도움된다. 억지로 해야만 하는 일이 자주 생기지만 그 일을 한 뒤에 얻게 되는 건 분명 존재한다.

우선 다른 사람들에게 인정받을 수 있는 기회가 생긴다. 나 자신을 확인 하는 일이 될 수도 있다. 모임의 기회를 만드는 이유를 확실히 알아야 한다. 내 시간을 온전히 쏟기 위해, 봉사를 하기 위해 하는 일로만 멈추면 안 된다. 시간을 쏟을 일이라면 나 자신을 위한 일도 충분히 많다. 알아보면 빈 시간을 탄력적으로 이용할 수 있는 봉사활동도 다양하다. 그럼에도 불구하고 모임을 택하는 이유는 단 하나다. '모임뿐만 아니라 나도 같이 발전을 한다는 것'이다.

아무 대답이나 듣고 싶다면, 인터넷 창을 하나 열고 질문을 올리면 된다. 그럼 몇 시간 안에 여러 답변자들이 시시콜콜한 답변을 늘어놓는다. 답변의 양은 충분하다. 하지만 질은 장담 못 한다.

질 낮은 답변은 필요 없다. 보고 있는 시간조차 아깝다. 하지만 비슷한 일을 하거나, 배움을 같이하는 모임에서 성의 없는 답변은 존재하지 않는다. 상대를 생각하는 마음이 다르기 때문이다. 모임이라는 공동체 의식의 차이라고 할 수 있다.

내가 모임을 추천하는 이유 중 하나다.

참고로 덧붙여 말하자면, 책임감이라는 말을 모르는 사람은 감투 쓰지 말라고 경고하고 싶다. 간혹 임원이 모임 다 망치는 경우 있다. 귀찮으면 그냥 그대로 발 빼는 거다. 적어도 책임이라는 말에 대해 생각해본 사람, 직책을 얻을 때 생길 수 있는 최대한의 일을 고려한 사람이 감투를 써야 한다.

간혹 모임에 갔는데 회장이 안 오는 경우도 봤다. 이건 실수라는 말로도 덮어질 수 없다.

실수는 나쁜 게 아니다. 하지만 책임지지 않는 건 자신 얼굴에 침 뱉는 일이라는 걸 명심하자.

멘토는 어디에든 있다

나를 도와주는 사람은 어디에든 있다. 나는 기본적으로 사람을 좋아한다. 주변 사람 중에서 내가 배우고 싶은 사람, 멘토 한 사람을 정해두는 게 좋다.

멘토*는 『오디세이아』에 나오는 오디세우스의 충실한 조언자의 이름에서 유래했다. 오디세우스가 트로이 전쟁에 출정하면서 집안일과 왕자 텔레마코스의 교육을 그의 친구인 멘토에게 맡긴다. 오디세우스가 전쟁에서 돌아오기까지 무려 10여 년 동안 멘토는 왕자의 친구, 선생, 상담자, 때로는 아버지가 되어 그를 돌보아 주었다. 이후로 멘토

---

* 현명하고 신뢰할 수 있는 상담 상대, 지도자, 스승, 선생의 의미로 쓰이는 말.

라는 그의 이름은 지혜와 신뢰로 한 사람의 인생을 이끌어 주는 지도자의 동의어로 사용되었다. 즉, 멘토는 현명하고 신뢰할 수 있는 상담상대, 지도자, 스승, 선생의 의미이다.

내가 멘토로 삼을만한 사람은 어렵게 찾아야 한다. 내가 배우고 싶은 사람이라면 쉽게 결정을 내릴 수도 수시로 바꿀 수 없어야 한다. 그만큼 신중하게 생각해야 하고, 누구에게든 당당하게 말 할 수 있어야 한다.

내 주변 사람들 대다수는 사업을 통해 알게 된 사람들이다. 앞뒤 정황을 두고 봤을 때, 사업에서 성공한 사람을 멘토로 두는 게 맞다. 하지만 내가 멘토로 생각하는 사람은 『더 시너지』의 저자이며, 전주 리더스독서클럽 회장 유길문이다. 뜬금없는 관계라고 생각하기 쉽다.

하지만 사업을 성공한 멘토는 나와 같은 뜻이 있는 사람일 뿐이다. 같은 길을 걷는 사람을 닮으려고 하는 노력은 필요 없다. 닮을 수 있는 부분과 닮지 않아야 하는 부분을 확실하게 정하고, 내가 더 독보적인 존재가 되도록 노력해야 한다.

가끔 나와 깊게 연관되지 않는 바깥의 일이 필요하다. 내 바깥에 중심을 두면 제일 먼저 내 자신과 멀어진다. 자연스럽게 객관적인 시각이 생겨난다. 역설적이게도 내 바깥을 통한 눈을 키우면 내 안을 보는 눈이 커진다.

나는 모임을 좋아한다. 좋아한 만큼 다양한 모임에 참여했다. 사업과 관련된 모임은 충분했다. 사업 외의 모임이 더 없을지 고민했다. 전주에 유명한 독서클럽이 하나 있었다. 리더스클럽이다. 나는 독서가 주는 생각의 힘이 대단하다고 여기는 사람이다. 독서를 중요하게 생각하면서도 쉽게 다가갈 수 없었다. 그래서 독서클럽 활동이 도움될 거라 생각했다.

처음 독서클럽을 참여해 유길문 회장을 봤을 땐, 멘토라 생각하지는 않았다. '이렇게 오랫동안 모임을 운영하다니 대단한 분이네'정도로 생각했다. 주말 새벽에 독서를 위해 참여하는 인원은 늘 탄력적이다. 지금처럼 안정적으로 운영되기까지 회장이 애쓴 시간을 짐작했을 뿐이었다.

유길문 회장을 오래 보면서 그의 장점이 눈에 띄기 시작했다.

그의 버릇 중 가장 닮고 싶은 부분은 상대를 높이는 언행이다. 상대의 작은 장점에도 감탄사와 함께 칭찬을 한다. 칭찬의 힘, 절대 무시 못 한다. 칭찬. 고래까지 춤추게 만든다고 하지 않는가.

내가 발표를 해야 하는 날이었다. 발표에는 영 소질이 없을 때였다. 일대일 대화에서는 말을 참 잘하는데, 모르는 사람들이 모여만 있으면 말을 버벅대기 일쑤였다.

"회장님, 이 발표 제가 안 하면 안 될까요?"

피하고 싶었다.

"아니, 왜요?"

"너무 떨려서 못 하겠습니다."

회장은 잠깐 내 얼굴을 들여다보더니 말을 이었다.

"떨리면… 떨리는 대로 하세요. 뭐 있습니까?"

"네?"

내 대답이 채 끝나기도 전에 회장은 나를 앞으로 밀었다. 그날 얼마나 떨었는지, 주어나 목적어가 제대로 입 밖으로 나왔는지 기억나지 않는다. 그냥 주저리주저리 말을 하기는 한 것 같고 얼굴이 빨개지고 다리를 떨었던 것도 같다. 발표를 끝내고 돌아오니 유길문 회장이 말했다.

"아니, 너무 잘 하던데! 그렇게 하는 거죠. 떨리면 떨리는 대로 하는 거죠!"

몇 번을 잘 했다고 칭찬해주는지 내가 잘 했다고 착각 할 정도였다. 무엇보다 마음에 와 닿는 말은 "떨리면 떨리는 대로"였다. 그날 이후로 나는 유길문 회장이 시키면 시키는 대로 발표를 했다.

책 많이 읽은 사람. 그들의 머릿속을 헤매고 싶다. 다양한 지식과 생각들이 일목요연하게 정리되어 있을 것 같다. 유길문 회장도 마찬가지다. 책을 엄청나게 읽었다. 책을 많이 읽은 사람에게는 배울 게 있다. '모두 다'라고는 할 수 없다. 그러나 분명한 건 많은 무기를 내면에 담아 두고 있는 사람이다.

생각이나 통찰력이 달랐다. 그 힘으로 리더스클럽을 무리 없이 14년째 운영하는 힘이라고 본다. 사람을 다루는 능력 또한 다르다. 칭찬과 다른 용기의 말을 자주 해준다. 그것도 부담 없이 말이다.

사업이 기울기를 반복했을 때였다. 자신감을 잃지 않으려 했다. 그래도 눈에 띄기는 했나 보다. 유길문 회장이 다가와서 말했다. 사실 그땐 "힘들지? 괜찮아질 거야"라는 말이 지겨울 때였다. 늘 똑같은 위로를 십 년 넘게 들었다.

"궤도에 올라가는 상상을 해본 적 있나요?"

"네?"

뜬금없는 소리라고 생각했다.

"지금이 아니라, 먼 훗날 미래를 그리세요. 어떤 궤도에 올라가는 걸 상상해 보세요."

나는 눈만 끔뻑였다.

"높은 시야로 아래를 내려다본다는 걸 상상하면 즐겁지 않을까요?"

유길문 회장이 일어 선 자리에서 나는 움직일 수 없었다. 이미 상상하고 있었다.

'이분 보통이 아니다. 귀신 같이 알아채는 구나.'

속으로 이 생각을 수십 번 했다. 그때 생각했다. '배울 사람'이다.

나는 무엇보다 나를 믿는 사람이다. 일도 그렇게 해왔다. 배우는 걸 좋아하고, 사람을 좋아했지만 나보다 더 믿는 타인의 수는 많지 않았다. 가족이라는 울타리를 빼고 나면 몇 사람 남지 않는다. 믿고 따르는 사람. 그리고 내가 배워야 할 사람을 만들어야 한다는 생각은 못했었다.

하지만 사람에겐 한계라는 게 있다. 각자 능력은 다르다. 나는 능력을 누군가에게 보여주고 확인 받을 생각만 해왔다. 주변 사람 능력에서 배울 게 있고 위로 받을 수도 있다는 걸 그날 절감했다.

내가 중심이 되려면 주변의 모든 장점을 알아야 한다. 일정한 점수를 내야 하는 '아는 것'이 전부는 아니다. 사람을 읽고 배우는 게 가장 큰 가르침이 아닐까 싶다.

오늘이라도 당장 닮고 싶은 사람을 만들어 보자. 단, 그 사람의 부와 능력이 아닌 내면을 읽어야 한다는 걸 기억해야 한다.

행동하는 곳에 지인이 생긴다

일 년에 적어도 백일 이상 해외에서 지내도록 노력하고 있다. 여행 사업을 하면서 어느 나라에 어떤 연령층이 가면 좋은지 어느 나라에는 어떤 풍경이 좋은지 정도는 알아야 한다. 내가 하는 일에서 전문성을 갖는 걸 노력해야 하기 때문이다.

모든 걸 남에게만 의지하거나 인터넷에 떠다니는 정보만으로는 전문성을 갖기는 어렵다. 내가 직접 다녀야 한다. 그게 진짜라고 말할 수 있다.

전문성이라는 말은 어렵다. 내가 가진 생각과 추진력이 어느 정도의 전문성을 갖고 있는지 따지는 일 자체가 불가능해 보인다. 이럴 땐, 스스로 하는 업무를 정리하고 가장 먼저 알아야 하는 시장만 염두 해도 좋다. 시장에 존재하는 정보를 습득하는 것만으로도 전문성은 높아진다.

디자이너가 있다고 가정하자, 자신의 전문성은 디자인을 '잘' 만드는 일이다. 하지만 디자인도 디자인 나름의 시장이 있다. 공간을 디자인 할 수도 있고, 제품을 디자인 할 수도 있다. 같은 디자이너라도 각각 전문 분야가 다르다.

공간 디자이너라면 여러 곳을 다니면서 공간에 알맞은 디자인을 '잘' 만들어야 하고, 제품 디자이너라면 디자인해야 할 제품에 집중을 하고 관련 상품과 연결 시켜 디자인을 '잘' 만들면 된다. 일이라는 건 다양하게 접하다보면 스스로 전문적인 시각이 생긴다. 명심해야 하는 건 가만히 앉아서 하는 게 아닌, 여러 곳을 돌아다니면서 해야 한다는 거다.

움직이다보면 외부적 지인까지 얻을 수 있다. 관련 시장에 있는 지인은 내 전문성에 시너지 효과를 가져다준다. 내 생각 외의 방향을 지인을 통해 알게 된다. 꼭 같은 일을 하는 지인이라고 한정시키지 말아야 한다. 시장을 관리하는 사람일 수도 있고, 자신의 업무와 관련 없는 디자이너가 될 수도 있다. 하지만 시장은 유기적으로 연결되어 있다는 걸 잊지 말자.

내가 일 년에 백일 이상 해외에서 지내려고 하는 건 전문성과 함께 얻을 수 있는 '여유' 때문이다. 전문적 시각도 기르고, 여유까지 얻는 일에 내가 굳이 바쁘다는 핑계를 댈 필요가 없다. 한 가지 일에 매달려서 맹목적으로 시각만 키우는 게 아니라, 함께 얻을 수 있는 무언가를 만들 필요가 있다.

나 같은 경우 여행사라는 특징 때문에 여유라는 걸 넣었지만, 다른 사람에게도 '여유'를 대체할 수 있는 무언가는 존재한다.

분명 찾아보면 '재미' 둘 만한 일이 있다. 돌아다니면서 사진을 찍는 일이 '재미'가 될 수도 있고, 지인들을 통한 모임이 '재미'로 발전할 수도 있다. 어렵게 얻는 것만이 '재미'가 아니다. 일로 받아들이지 않을 만한 다양한 활동 모두가 내 '재미'가 된다.

한 가지를 얻는 것에 만족하지 말아야 한다. 그 이상 얻을 만한 '재미'를 발견해야 한다. 그래야 일을 즐길 수 있다.

지인들과 함께 말레이시아로 여행을 떠난 적이 있었다. 여유를 목표로 둔 여행이었다. 하지만 그 안에서 오로지 여유를 찾지는 않았다. 자연스럽게 일과 함께 엮게 되고 그 일에서 다른 생각, 사업까지 확장이 되었다.

친구와 갈 때와 혼자 시야를 넓히러 갈 때의 차이는 분명 존재한다.

"역시, 여행은 여러 사람이 있어야 재미있구나."

매번 시간 맞는 친구와 해외를 떠도는 건 불가능했다. 이 생각이 깊어지자, "그럼 내가 가는 지역에서 지인을 만들면 되겠다." 생각했다. 외국에 친구를 만들어 두면 되는 일이었다. 해외에 체류하며 친구를 사귀는 건 내가 하는 일과 멀지 않았다. '재미'를 찾을 수 있고, 고정된 지인까지 만들어 두는 일이었다. 하나로 세 가지 이득이 생겼다.

필리핀으로 어학연수를 떠났을 때, 지인들을 많이 쌓았다. 생각보다 좋은 곳이었고, 내가 생각한 것보다 더 많은 한국인이 공부와 여행을 위해 찾는 곳이었다. 있을수록 더 있고 싶은 곳에서 나는 다른 생각을 했다.

"그래, 그럼 나도 여기서 사업을 하면 되지."

필리핀에서 법인을 만드는 건 어렵지 않았다. 수월한 작업이었다. 현지에서 알게 된 지인들이 힘을 모아 도와줬다.

어디든 나와 통하는 친구만 있다면 모든 일은 가능해진다. 사람이 쌓이는 만큼 내가 올라간다고 생각하자. 사람은 밟고 올라서는 존재가 아니다. 서로의 어깨와 등을 빌려주고 상승할 수 있는 관계다.

돈으로 살 수 없는 건 천국 가는 티켓만이 아니다. 함께 걸을 수 있고, 내 일에 힘내서 도와주는 친구도 돈으로 살 수 없다.

사람들이 말했다.

"운이 좋으시네요."

글쎄다. 앞서 말했듯이 나도 충분히 어려운 날들을 겪어왔다. 날 도운 건, 내 의지를 키워주는 지인들 덕분이었다. 통장에 돈이 쌓이듯 쌓여있는 사람들을 통해 많은 걸 배웠다.

요 근래 발카리아 정부와 협약을 했다. 운이 좋았던 걸까. 투어컴 지사장이 소개시켜 준 인연이었다. 한국 여행사와 한 나라의 국가 여행 협약을 체결한 건 대단한 일이다. 회사의 이미지에도 충분히 공헌한 바다.

무조건적인 인맥영업은 피하라고 한다. 이 말도 맞다. 지인을 통해서만 확장되는 사업은 지인이 등을 돌리는 순간 무너진다. 지인을 확장하면 할수록 필요한 지인에게 내가 등을 돌리는 일도 생긴다. 적절한 인맥 사용이 필요하다.

인맥을 이용한다는 말이 적절할지는 모르겠지만, 나는 인맥을 이용한 만큼 이용당하기도 했다. 서로가 돕는 일에 인색해 하지 않았다.

세상은 주는 만큼 받지 못한다. 하지만 인맥만큼은 주는 만큼 받는다. 인정에 약해서가 아니다. 믿음을 통한 관계라 가능하다. 서로에게 필요한 순간에 도움을 주는 인맥은 최대한 이용하고, 도움이 필요한 순간에 최대한 도와주어야 한다.

간혹 이렇게 말하는 사람들이 있다.

'혼자를 즐길 줄 알아야 한다. 어차피 타인은 남이다.'

이 말에 무조건 반대를 하지 않는다. 혼자를 즐겨야 한다는 말에는 적극적으로 공감한다. 혼자 있는 시간이 중요하다는 건 분명하다. 생각하고 정리하는 시간은 혼자 있을 때 나온다.

하지만 타인은 남이라는 말에는 공감하기 어렵다. 남과 님이라는 말은 단 하나의 점 차이다. '남'이 '님'이 되는 건 순간이다. 처음부터 타인에게 벽을 만드는 사람은 스스로 혼자가 되려는 사람이다.

혼자를 즐기는 시간과 타인을 배척해서 혼자되는 것과는 천지차이다. 어떤 일이든 누군가와 함께 가야하는 일 뿐이다. 남을 님으로 바꿀 수 있도록 노력해야 하는 게 옳은 일이다. 절대적인 나 홀로 주의는 스스로를 외롭게 만들 뿐이다.

3부

"내 안을 깊게 보는 눈을 키워라"

떠나고 싶을 때는 떠나라

떠나고 싶다는 갈망은 누구나 있다.

사람들은 종종 물어온다.

"확 떠나버릴까요?"

나는 떠나라고 말한다. 그러면 상대방은 다시 생각한다. 떠나는 게 능사인지 남아있는 게 방법인지. 여지를 남겨주는 것이다. 말리기만 하면 더 떠나고 싶어진다. 때에 따라서는 강력한 말 한마디로 상대에게 생각 할 시간을 늘려줘야 한다.

내가 "떠나라"라고 말하는 건 생각할 시간을 늘리는 일에만 초점을 두지 않는다. 정말 떠나는 게 나을 것 같아 하는 말이다. 시간은 누구나 똑같이 누리고 있다. 하지만 그 시간을 활용하는 건 오로지 개인의 재량이다. 바쁘다는 핑계는 이제 멈출 때도 됐다.

정말 바쁘면, 떠나겠다는 생각도 안 든다. 그럴 틈도 없이 바쁜 게 진짜 바쁜 거다.

나는 떠나고 싶을 때마다 떠났다. 여행사 일을 하고 있으니 남들보다 수월한 편이기는 했지만, 일 외적으로도 많이 떠났다. 생각이 많아질 때, 가슴이 답답하다고 느낄 때마다 떠났다.

내가 잠깐 자리를 비운다고해도 회사 안 무너진다. 답답한 마음으로 엉덩이 붙이고 있는 게 회사에 더 악영향이다. 내 스스로의 감정과 스트레스를 컨트롤 할 수 있는 방법 중 최고는 단연 여행이다.

여행은 영감을 갖고 온다.

뭔 팔자 좋은 소리냐고 말하지 마라. 안정적인 내 자리에 앉아 있다는 기분은 잠깐이다. 다른 곳에 가서, 모르는 사람을 만나고, 다른 풍경을 보면 안정적이라고 생각했던 자리에서는 생각하지 못했던 일을 떠올리게 된다.

여행은 꿈이 되기도 하고, 미래가 되기도 한다. 정리하는 일이든 영감이든 털어내는 일이든, 뭐든 얻을 수 있다. 여행이라는 단어로 겁부터 내지 않아야 한다. 멀리 비행기를 타고 나가는 일만 여행이라고 하지 않는다. 앞서 말했듯 다른 풍경을 볼 수 있는 곳만 가도 충분하다. 동네 뒷산에 올라가서 발아래 배경을 둘러보는 것만으로도 충분하다.

사방을 둘러보는 눈이 곧 나를 더 넓게 보는 눈으로 키워지기 마련이다. 답답한 일상을 벗어나고자 하는 걸, 변명하면 안 된다. 밀린 일기처럼 내일로, 내일로 미루면 발전은 더디게 올 뿐이다.

사무실에 앉아 있으면 가끔 괴롭고 힘들다. 그래도 해야 한다고 생각하면 그나마 견딜만하다. 견뎌야 하는 시간은 누구나 있다. 하지만 견딘 시간에 대한 보상이 이루어진다면, 견딘다는 생각조차 안 든다.

견디는 시간을 수월하게 만들고 싶다면, 한 번쯤은 떠나보자. 여행을 통해 내면을 단단하게 훈련시키는 방법이 있다는 걸 잊지 않으면 좋겠다.

같은 공간에서 벗어날 필요가 있다.

늘 같은 공간에서 같은 사물을 바라보다 보면 비슷한 생각에만 머물게 된다. 비슷한 생각에만 머물다 보면 지치기 마련이다.

사람도 공장에서 돌아가는 기계와 다를 바 없다. 감정과 신체가 소모품처럼 닳기 마련이다. 기계는 일정한 시간이 지나면 기름칠을 해줘야 한다. 기계에 기름칠 하는 걸 사람에게는 다른 공간에서의 시간이라고 생각해 보면 쉽게 이해할 수 있다.

휴식을 취할 때는 다른 공간을 찾는 일부터 해라. 늘 있던 곳에서는 같은 생각만 반복된다. 다른 공간에서 감정의 전환을 통하면 감정과 신체 모두 자연스럽게 건강해진다.

휴가기간에 딱히 가고 싶은 곳이 없었다. 그달 매출이 걱정되는 탓이었다. 마음에 불안만 쌓이다 보니, 다른 일에 눈이 가지 않았다. 나는 휴가기간 사무실로 출근을 했다.

그게 얼마나 미련한 행동이었는지 깨닫기까지 오래 걸리지 않았다. 휴가기간에 회사에 출근하는 대표? 내가 직원이라도 싫다. 쉬는 날은 괜히 있는 게 아니다.

인터넷에 떠도는 얘기가 하나 있다.

프랑스로 이민 간 한국인이 있었다. 그는 매일같이 혼자 야근을 했다. 더 남아서 일을 하는 게 그에게는 당연했다. 한국에서도 그래왔기 때문이다. 한국에서 야근을 하면, 상사들은 좋아했다. 그를 유심히 지켜보던 프랑스인 팀장이 하루는 퇴근 시간을 넘기고 그를 기다렸다. 그리고 그에게 화를 냈다고 한다.

그는 말했다.

"내가 열심히 하고 싶어서 하는 일이다. 덕분에 회사의 성과도 좋아질 거라 생각한다."

팀장은 그의 말에 더 화를 냈다.

"너는 지금 우리가 오랜 세월 힘들게 만들어 놓은 소중한 문화를 망치고 있다. 너를 의식한 누군가를 생각해 본 적이 있는가? 가족들과의 저녁식사가 주는 누군가의 행복한 일상을 너로 인해 포기하게 하지 마라."

각 나라의 문화가 있다. 경제적 측면이나 사회적 분위기에 따라 다르다. 한국의 야근 문화는 프랑스 사회에서는 충분히 비난 받을 일이다. 이 글을 읽고 우리 사회에 숨어있는 폐단을 짚어보기 전에 내가 휴가기간에 회사에 나갔던 일이 먼저 떠올랐다.

마치 다른 직원의 즐거운 휴가를 반납하길 바라는 대표처럼 보이기에 충분했다.

쉬는 날 가슴 답답하다고 회사 찾아가는 일 절대 하지 말기를 바란다. 휴일일 때는 오로지 내 개인적인 장소에서 나를 쉬게 만들어 주는 게 좋다. 일하고 싶다 해도 회사 근처는 피해야 한다.

이건 직원들을 위한 말이 아니다. 나 자신을 위해 더 좋은 공간은 회사 바깥이다. 안에서 머리 싸매고 걱정했음에도 불구하고 일이 안 풀렸다면, 회사 안에 정답이 없다는 현실을 인정해야 한다.

늘 같은 공간에서 생각하는 건 비슷한 일을 확산하는 것과 같다.

내 삶의 여유를 휴식에서 찾는 건 당연하다. 더 좋은 방법은 없다. 아직도 많은 사람들은 휴식을 두려워한다. 하지만 더 두려워해야 하는 건 휴식 없는 삶이다.

사람은 금세 지친다. 휴식은 재충전의 기회다. 재충전이라는 건 내가 다시 한 발 더 높이 뛰기 위한 필수 요소다.

지금 떠나야 할 기회라고 생각한다면, 무조건 떠나라.

마음에서 시작된 기회를 놓치지 말자. 휴식에서 돌아왔을 때 스스로에게 남는 건 분명하다. 절대 마이너스 될 요소는 없다.

떠나야 할 기회는 매번 오지 않는다. 기회라는 녀석은 여행뿐만이 아니다. 사람들은 여행이라는 시간대신 회사에서의 업무평가가 더 '중요'하다고 생각한다.

그 생각은 틀리지 않았다. 다만 어떤 기회든 나에게 더 중요한 걸 인식하느냐 못 하느냐의 차이다. 위의 두 개를 비교하면 대부분이 업무평가가 높아지는 기회가 더 '중요하다'고 말한다. 하지만 여행갈 수 있는 기회를 더 '좋은' 기회라고 말한다.

상반된 대답이 나온다. 업무평가가 중요하다는 말은 억지로 하는 말이다. 거짓말이다.

'남들이 다 그렇게 생각하니까.'

'그렇게 배워왔으니까.'

원래 거짓말 뒤에 갖다 대는 변명은 많다.

중요한 일과 원하는 일이 있다. 하지만 중요하다고 말 한 업무평가가 과연 중요한지도 의심해볼 만한 일이다. 왜냐하면 변명이 많으니까.

내가 원하는 일에 초점을 둬야 맞다. 그래야 내가 더 발전 할 수 있는 계기가 된다. 중요하다고 하더라도 내 마음이 아니라고 생각하면 그건 어차피 수포로 돌아갈 일이다. 중요한 기회를 수포로 만들지 말아야 한다. 그게 더 중요하고 원하게 되는 시기는 온다.

여행을 떠나면 누구나 행복해진다. 여행의 사전적 뜻은 "일이나 유람을 목적으로 다른 고장이나 외국에 가는 일"이라고 나와 있다. 그러나 나는 여행이 곧 행복이라고 말하고 싶다. 여행을 떠난 그곳, 그곳은 아름다운 곳일 수도 있겠고 그저 조용한 곳일 수도 있다.

그 장소가 바로 나 자신이 되는 순간이 여행이다. 우리는 그곳에서 여행을 즐기는 게 아니다. 바로 나 자신을 즐기는 순간을 찾게 된다. 그것이 바로 여행, 행복이다.

독서의 힘

2014년 11월 28일 새벽 한 시, 전주 빙상경기장에 사람들이 모이고 있다. 중학교 2학년 아이부터 환갑 지난 어른까지. 모두 캐리어를 하나씩 들고 모였다. 그리고 인천공항으로 출발하는 버스에 올라탔다.

2014년 제2회 전국 독서독후감대회 수상자들과 함께 상하이로 가는 여행의 시작점이다.

내가 행동하기 다음으로 중요하게 생각하는 일은 독서다. 행동하기 전 생각이 먼저다. 내 안에서 숙성된 생각이 필요하다. 생각을 어떻게 하는지에 따라 행동도 달라진다. 생각의 몸집을 올바르게 키우기 위해서 독서는 필수다. 독서는 다양한 사람들의 생각과 활동을 활자로 보고, 스스로 다시 생각할 시간을 만들어준다.

행동하기는 억지로 시킨다고 되는 일이 아니다. 스스로 하고 싶은 대로 움직여야 한다. 누군가 알려주는 길을 가는 건 이제 효과가 없다. 하지만 가지 않은 길에 대해 예측할 수 있는 독서는 억지로라도 시켜야 한다.

2013년부터 독후감대회를 열었다. 우수작으로 뽑힌 인원들은 해외여행을 보내주었다. 독서를 통한 생각의 발견과 움직이는 행동을 바로 할 수 있도록 도와주고 싶었다.

내가 주최한다고 심사를 내 멋대로 보지 않았다. 나름 공정성과 형평성에 어긋나지 않도록 만들었다. 그래야 꾸준히 이끌 수 있는 행사라 생각했다. 도서 선정에도 일체 관여하지 않았다. 문예창작과 교수를 포함한 심사위원단을 구성했다. 나는 그저 주최자이자, 여행 인솔자일 뿐이었다.

2013년 1회에는 『천년 恨 대마도』 책으로 2박 3일 대마도 여행을 포상으로 내걸었다. 도서가 선정되고 나도 읽어 보았다. 대마도라는 작은 섬이 처음부터 일본의 땅이 아니었다는 내용이었다. 내가 알지 못했던 내용이었다.

대마도는 삼국시대 이전의 가락국 시대부터 수백 년간 조정에서 관료가 파견된 우리 영토였다. 1700년대까지 조선과 영국, 일본 지도에서도 대마도는 조선 땅으로 명시되어 있다. 조선 영조 때 만든 해동지도에는 "백두산은 머리가 되고 태백산맥은 척추가 되며 영남의 대마

도와 호남의 제주도를 양발로 삼는다."라고 쓰여 있다. 고려 말 창왕 때는 박위가 조선 세조 때는 김사형이 세종 때이종무 장군이 대마도를 정벌하여 기틀을 잡았다. 그로부터 수백 년간 군사들을 파견해서 지키던 곳이다.

일본은 어수선한 조선 말기에 슬쩍 지도에 대마도 땅을 자기네 땅으로 만들어 경계선을 긋고는 전 세계에 공표했다. 그러더니 결국 나라까지 빼앗았고, 오늘까지 이르렀다. 일본은 일제 강점기를 거치며 철저하게 우리 사료 수십만 권을 취합하여 불태웠다. 1세기 동안 일본이 만든 역사를 배우다 보니, 자연히 일본 땅이라고만 생각했다.

책 안에는 우리가 모르는 정보와 현실, 현실은 아니지만 충분히 공감 할 수 있는 비현실이 존재한다. 그 다양한 정보 안에서 자연스럽게 생각을 연결시킨다.

각자 생각을 점진시키는 시간이 필요하다. 책은 그 일을 가능하게 만들어 준다.

책이 중요하다고 입으로만 떠들어봤자 소용없다. 독후감대회는 내가 충분히 도울 수 있는 일이다. 그리고 내 생각을 전달하기에도 충분하다. 독후감대회를 꾸준히 개최하려 마음을 먹은 이유다.

2014년에는 상하이 여행 포상으로 독후감대회를 개최했다. 책은 유길문 저자의 『더 시너지』로 선정되었다. 개인적으로도 친분이 있는 저자다. 앞서 말한 내가 멘토라고 생각하는 분이기도 하다.

이 책은 조직 내 구성원간 효율적인 방법을 통해, 발전의 상승효과에 대해 개인적 풀이를 넣었다.

내 생각도 다르지 않다. 나 혼자 되는 일도 있지만, 혼자로 안 되는 일이 더 많다. 주변의 사람들과 함께 했을 때 더 좋은 효과를 나타낼 수 있는 시너지는 존재한다. 나 홀로, 독고다이가 아닌 함께하는 일에 인색해 하면 안 된다. 어쩌면 한 번씩 들어봤을 법한 이야기지만, 책으로 읽었을 때는 더 명확해진다. 왜 그래야 하는지, 어떤 사례가 있는지까지 알 수 있다.

2회 독후감대회는 1회 때보다 많은 사람이 응모했다. 수상 인원은 43명이었다.

사실 많은 인원과 함께 여행을 간다는 건 어렵다. 신경 쓸 일에서 43이라는 인원수를 곱해야 한다. 반면에 행복도 곱하기 43이라고 생각하면, 억지로 인원을 줄이는 게 능사는 아니다.

전국대회다 보니 여러 지역에서 응모를 했다. 한 집에서 중고등학생 오누이가 나란히 수상하기도 했다. 상을 타고나서 내성적인 성격이 쾌활하게 바뀌었다며, 아이들 아버지가 회사로 찾아오기도 했다. 아직도 그 아이들이 상하이 거리에서 신나게 웃던 모습이 눈에 선하다. 아이들이 책을 읽고 독후감을 쓴 만큼 함께 하는 즐거움과 함께 하는 에너지라는 말에 한 발 더 다가갔다는 확신이 들었다.

서로 모르는 사이지만, 같이 출발하고 같은 공간에 들어와 있다는 것만으로도 가장 친한 친구가 되었다. 아이들에게는 좋은 어른이 생기고, 어른들에게는 맑은 아이들의 기운이 옮겨졌다.

상하이 야경을 언제 다시 볼지 모른다. 그날처럼 다 같이 볼 수 있는 기회는 두 번 다시 없을지도 모른다. 그래도 상하이라는 도시에 다시 가게 되면 다양한 사람들과 함께 걸었다는 기억이 먼저 떠오를 게 분명하다.

여행지는 그런 기억을 남기는 곳이고 추억하는 곳이다.

2015년 사단법인 전독연이 생겼다. 전국독서동아리클럽연합회이다.

나처럼 독서를 사랑하는 사람들은 많다. 책을 사랑하는 사람들이 몇몇 뜻을 모아 독서클럽을 만들어, 함께 독서를 하기도 한다. 그 모임들이 생긴 것처럼 책을 좋아하는 모임끼리 뜻이 하나로 모아지면 어떨까 생각했다. 취미와 취향도 같은 사람들 뜻이 모아진다면, 힘이 생기기 마련이다. 바른 독서를 더 알릴 수 있다.

사업자로서 어떤 영리 목적이 아닌, 따뜻한 마음을 한데 모아둘 어떤 단체가 있다면, 함께 걷는 길이 더 좋아질 거라는 확신이 들었다. 생각이 나면 바로바로 행동해야 하는 나로서는 생각이 끝나기 무섭게 다양한 사람들을 모았다. 그리고 사단법인으로 전독연을 설립했다.

전독연은 다양한 독서클럽의 설립을 추진하고, 현재 운영하고 있는 독서클럽을 지원하는 곳이다. 더 알리기 위해 벌써부터 준비 중이다. 첫 번째 프로젝트로 명강사들과 함께 전국 순회 세미나를 개최하려 하고 있다. 강사들이 직접 찾아가 독서의 중요성을 말하는 세미나이다. 처음으로 시행하는 프로젝트인 만큼 벌써부터 기대가 크다.

독서는 여행만큼 큰 힘을 갖고 있다는 걸 모든 사람이 알고 있다. 내 뜻과 책을 사랑하는 모든 사람의 뜻이 전독연이라는 곳을 통해 넓게 퍼지기를 바란다.

나는 매주 일요일 새벽 6시마다 전주 모악산을 오른다. 정상 근처에 천룡사라는 절에 꼭 들러 물을 마신다. 그리고 꼭 하는 행동이 있다. 양손으로 배를 치며 "세상은 나의 것이다."라고 외치는 일이다.

말에는 힘이 있다. 나는 내가 새벽마다 외치는 말처럼 세상이 내 것이라고 생각한다. 내 뜻대로 모든 일이 풀리는 건 아니다. 하지만 그렇게 될 거라고 믿으면, 그렇게 될 가능성이 더 높아진다고 믿는다.

모든 일은 마음먹은 대로 흘러간다. 이것 또한 책에서 배운 생각이다. 책 『시크릿』에서는 의미 없는 돌 하나를 집고 그 돌이 나에게 행운을 가져다줄 돌이라고 자기 최면을 건다. 그 돌을 잃어버리면 또다시 '행운의 돌'을 만들면 되는 일이다.

중요한 일을 앞두고 '행운의 돌'을 만지며 그렇게 될 거라고 믿는다. 물론 그 돌 때문에 어떤 일이든 되는 건 아니다. 하지만 내 마음속에 있는 생각이 '되는 쪽'으로 기울게 되고, 결과에도 그 영향이 닿는다는 이야기다.

처음 독서를 마음먹었을 때, 꽤나 힘들었다. 어떤 책을 읽어야 좋은지에 대해서만 시간을 보냈다. 나만 하는 생각이 아니다. 주변에서는 늘 요즘 어떤 책을 읽냐며, 추천해 달라고 말한다.

내가 추천하는 책은, '아무거나'다. 어떤 책을 읽을지 고민할 시간에 한 글자라도 더 읽는 게 좋다. 제일 먼저 손에 든 책이 가장 좋은 책이다. 무엇이든 괜찮다는 생각으로 읽어야 한다.

책이라는 건 늘 가까이 있지만 나와 멀리 있는 느낌이다. 여행도 마찬가지다. 처음 일을 시작할 때, 여행은 일이었지 나의 다른 취미나 활동이 아니었다.

좋다고 하면 무조건 시도해 보는 게 좋다. 책 읽는다고 누가 뭐라고 한 적은 없지 않은가. 해봐서 나와 안 맞거나 도움이 안 된다고 생각하면 그때 그만둬도 된다.

책은 생각을 만든다. 모든 행동 앞에는 생각이 있다. 하루만이라도 책이 밥만큼 중요한 일이라고 생각해보자. 그럼 손에서 책을 놓을 수 없어진다. 묻지도 따지지도 말고 책을 읽다보면 '나에게 필요한 책' 찾는 능력이 따라온다.

여행을 잘 다녀오는 법

가끔 이런 식으로 속 긁는 사람이 있다.

"그거 지금 세일이던데 얼마주고 샀어?"

여행도 마찬가지다. 나라, 몇 박의 여정인지만 같으면 무조건 같은 금액일거라 생각한다.

"아니 거길 그렇게 많은 돈을 주고 다녀왔어? 난 거의 절반 값에 갔다 왔는데."

배 아프다는 생각이 제일 먼저 든다. 나만 바보같이 헛돈 쓴 기분을 지울 수 없다. 이런 부분은 묻고 따져서 금액을 비교하길 바란다.

여행 금액은 천지차이다. 언제 가느냐에 따라서 다르고, 어느 경로로, 어디에서 잠을 자는지에 따라 백만 원 차이도 난다. 거기에 환율을 왜 무시를 하는가. 매일 변동하는 환율을 무시할거면 무조건 국내로만 떠나야 한다.

일본 환율을 예를 들면 내가 하는 이야기를 이해하기 빠르다.

2011년 1,500원을 넘던 엔화는 2014년 1,000원도 채 되지 않았다. 일본 숙소비가 똑같이 5천 엔이라고 가정을 했을 때, 우리가 내는 돈은 당연히 다르다. 일본 환율만 변동하는 게 아니다. 어느 나라든 이렇다. 여행사가 정하는 게 아니다. 그러니 여행사에 따지지는 말자.

오해 받는 일은 환율뿐만 아니다. 사람들은 허공에 뿌려진 말들만 듣고 왜 이곳만 비싸냐고 묻는다. 과연 이곳만 비싼 걸까?

여행에서 가장 중요한 건 장소다. 어디로 가느냐. 나라와 지역 선택이 우선이다. 그 다음으로는 항공사와 몇 박의 일정인지 그리고 그 지역의 어디를 둘러보는지 등등 다양한 선택의 수가 있다. 그 수에 따라 금액이 결정 난다. 무작정 '같은 나라(지역)=같은 금액'이라고 묶을 수 없다.

여행을 알차게 다녀오기 위해서는 우선 가려는 나라를 정하고, 그 안에서 내가 꼭 가야할 장소를 택하는 게 우선이다. 무료입장인 곳도 있고, 유료입장인 곳도 있다. 그리고 체험 활동에 따라 금액의 차이는 더 늘어난다.

여행의 목표에 따라 숙소를 싸게 잡을 수 있고, 비싼 곳을 잡을 수도 있다. 많은 패키지 상품들의 다양한 금액 안에서 호텔 비교를 하는 것도 좋은 방법이다. 호텔의 위치나 시설에 따라서도 꽤나 많은 돈 차이가 난다.

물론, 이런 이유를 떠나서도 더 비싸거나 더 싼 곳은 존재한다. 하지만 내가 왜 더 비싸게 이 여행사에서 가야하고, 덜 싸지만 이 여행사를 택해야 하는지는 알아야 한다. 항공권 마일리지의 차이라는 작은 차이도 비교대상이 된다.

그래도 굳이 다른 곳과 비교하기 싫다면 내 뜻대로 다녀오면 된다. 하나하나 비교하는 시간을 아끼고 그 시간에 여행지에 대한 공부를 하는 사람도 있으니 말이다. 대신, 다녀온 뒤에 어디가 더 비싸네, 싸네라는 말만 아끼면 된다.

해외여행은 옛날만큼 큰 사건이 아니다. 해외여행이 대중화 되면서 많은 사람들이 더 멀리 더 자주 떠나기 위해 비행기에 오른다.

그러다보니 상품도 다양하다. 손쉽게 패키지를 구할 수 있고, 항공권도 바로바로 바꿀 수 있다. 도착한 뒤에 호텔을 알아보는 사람도 있으니, 어려울 게 없는 세계여행이다.

비교는 여행가는 사람의 몫이다. 가장 열심히 알아보는 사람이 더 만족하는 여행을 가는 건 맞다. 자신에게 필요한 부분만 선택하기 때문이다.

여행에 있어서 정보는 필수다. 왜 모든 걸 여행사에 맡기고 비싸다 싸다의 기준을 만들까. 그 기준은 스스로 조금만 움직여도 충분히 맞출 수 있다.

나는 여행갈 때 숙소에 따라 금액차이를 실감했다. 가족들과 함께 갈 때는 편안하고 깨끗한 게 우선이다. 그럼 호텔 중심으로 찾게 되고, 당연히 비쌀 수밖에 없다. 내가 혼자 갈 때는 호스텔정도로도 괜찮다. 지인이 있는 곳에서는 항공권만 있어도 충분하니 더 저렴하게도 가능하다.

그럼에도 여행사 추천 상품을 유심히 보는 이유는 하나다. 여행객들을 유치하는 곳에서는 사람들의 선호도를 잘 안다. 선호도에 맞춘 패키지 상품은 인원에 따라 다양한 할인 혜택을 받을 수 있다.

개인 혼자 생각해야 하고 계획 잡는 시간을 줄여주고, 더 싸게도 가능하다. 그리고 그 나라(지역)에서 선호도가 강한 장소를 이동에 따라 잘 짜 준다는 점이다.

국내 여행도 마찬가지다. 항공기 값 안 들어간다고 해도 숙식에 따라 다르다. 단체로 버스를 대절해서 가는 경우도 있고, 가서 밥까지 주는 경우도 있다. 당연히 반대의 경우도 있기 마련이다. 그렇다면 이런 세세한 부분에서 가격 차이가 날 수밖에 없다.

밥부터 자유시간, 어느 코스로 도는지 세세하게 체크해야 더 저렴하고 만족할 만한 여행을 다녀올 수 있다. 아무리 싸다고 해도 도시락 하나 안 주는 곳은 밥값이 추가로 들기 때문에 식사값까지 여윳돈으로 넣어야 한다.

이렇듯 금액만으로 모든 여행을 따지기란 힘들다. 여행사의 여행비용 거짓말보다 더 큰 건, 여행을 다녀온 사람들의 거짓말이다. 이 거짓말에서 벗어날 방법은 오로지 하나다. 스스로 체크하고 떠나야 하는 방법이다.

여행 패키지는 최소와 최대의 값 차이가 크다. 이걸 인정하면 혼자 계획하는 적당한 금액의 여행은 충분히 계획 가능하다. 내가 모든 시간을 쏟아서 알아보는 게 나은지, 아니면 여행사를 믿는 게 나은지 말이다.

그래도 여행에서 제일 중요한 건 하나다. 어디를 가느냐가 아닌 누구와 함께 가느냐다. 함께 즐겁게 갈 수 있는 상대를 만드는 일이 우선이다.

Thinking day
-혼자 떠나본 적이 있는가

내 삶의 결론은 내가 내는 게 아니다. 남이 내려준다.

물론, 내 생각이다.

나를 내 마음대로 해석하고 결론지으면 위험하다. 남의 말에만 휘둘려도 당연히 문제다. 하지만 나보다는 남이 더 객관적인 시선을 갖고 있다는 걸 알아둬야 한다. 내 결과에 대한 의견이든, 행동에 대한 의견이든 타인은 본인이 느낀 다양한 의견을 나에게 직간접적으로 알려준다. 타인이 내려준 결론을 무조건 반대하지는 말아야 한다. 내가 충분히 결론의 근거를 만들었다는 걸 인정해야 한다.

그렇다고 나 스스로 내리는 평가를 무시해서는 안 된다. 보통 나 자신에 대한 평가는 대조적이다. 매우 긍정적이거나 부정적이거나, 둘 중 하나인 경우가 많다.

가장 큰 문제 형태는 평가를 안 내리는 사람이다.

우리는 스스로를 검열해야 한다. 내 행동에 대한 책임일 수도 있고, 나에 대한 명확한 기준을 만드는 일일 수도 있다. 스스로를 모르는 사람은 다른 사람의 말에만 의지하게 된다. 다른 사람의 말도 물론 중요하다. 하지만 내가 내린 평가 기준이 있다면, 그 말을 걸러들을 수 있다.

그다음 문제는 부정적인 형태다.

부정적으로 자신을 평가하는 사람은 위험한 사람이다. 부정이 가져다주는 건 불행뿐이다.

부정은 내 생각을 막는다. 그리고 행동할 수 없게 만든다. "해봤자 안될 테니까." 혹은 "나는 늘 그랬으니까."라는 식의 자기 비하가 스스로를 우물 안에 가두고 만다. 부정적인 생각 확장보다는 "어쩌면 안 될 수도 있겠다. 계획을 어디서부터 세울까." 정도의 고민이 적당하다. 부정은 '나'를 나약하게 만들지만, 구체적인 고민은 '나'를 강하게 만든다.

긍정적인 형태는 부정적인 형태보다는 낫다.

하지만 스스로를 추켜세우면서 현재 자리에 안주하는 경우가 있다. 현실에 안주한다는 것 그리고 부정적인 고민 하나 없이 일을 진행한다는 건, 실패 가능성을 높인다.

실패라는 건 끝이 아니다. 그래도 피해갈 수 있다면 되도록 피하는 게 좋다.

나를 명확하게 볼 수 있도록 거리를 둬야 한다. 나를 가장 잘 아는 사람이 나이고, 나를 가장 잘 이해해줘야 하는 사람이 나일 필요는 없다. 때에 따라서, 나는 '나'라는 존재를 멀리 떨어뜨려야 한다.

가장 좋은 건 나를 긍정적으로도 부정적으로도 보는 안목이다. 이 안목은 쉽게 얻을 수 없다. 하지만 생각하는 시간은 가능하게 만들어 준다. 나라는 사람을 멀리서 보기도 하고, 가까이에서 마주하면서 힘을 주기도 해야 한다. 다른 성격의 여러 사람이 내 안에서 살고 있다고 가정하자. 아수라 백작처럼 말이다.

이 안목을 키우는 쉬운 방법은 내가 한 일에 대해서 스스로 메모를 하고 정리하는 일이다. 며칠 뒤에 보는 글에서 낯선 내가 발견된다. 시간이 지난 후 결과가 나타났을 때, 그 메모는 중요한 단서로 남는다.

내 삶의 결론은 남이 내려주지만, 결론에 맞게 행동하는 건 나다. 타인에게 억지로 잘 보일 필요는 없지만, 남들에게 긍정적인 평가를 받을 수 있는 나를 만들어야 한다.

나를 만들고, 단련시킬 수 있는 일 중에서 가장 최고의 행동은 생각이다. 직접 몸을 움직이는 행동과는 거리가 있어 보인다. 하지만 행동하면서 하는 생각은 다르다.

나는 이른바 Thinking day를 만들어 하루의 시간을 온전히 생각에

쏟는다. 여행과는 다른 일이다. 여행은 다양한 것을 보고, 듣고, 체험하며 새로운 감각을 깨우치는 일이다. Thinking day는 일과 집에서 벗어나서 오로지 나만을 생각하는 날이다. 이 움직임은 혼자가 좋다.

사실 생각 많으면 힘들다. 생각은 왜 그렇게 꼬리를 물고 이어지는지 끝이 없다. 일하다가도 갑자기 생각이 떠오르면 멈출 생각을 않는다. 특히 안 풀리는 일에서 극심해진다. 안 풀리니까, 더 생각난다.

생각에도 노하우가 있고 집중 할 시간이 필요하다. 집중 한 뒤에는 행동하는 게 최고다. 하지만 일을 하다보면, 생각하는 시간이 없을 때가 많다. 그래서 나는 생각에 집중하는 하루의 날을 만든다.

제주도 노천카페에 앉아 생각을 할 때도 있고, 근교 조용한 도로에 차를 세워두고 생각을 할 때도 있다. 어디든 상관없다. 단 내가 정한 법칙은 있다.

하나, 혼자 온전히 생각에 빠져 들도록 해야 한다.

둘, 생각이 새로움에 빠지지 않아야 한다.

지금 있는 문제에 대한 해답에만 집중해야 한다. 바쁜 일과 속에서 문제는 계속 나온다. 문제에 대한 답에만 집중해야 한다. 새로운 생각은 늘 해야 하는 문제다.

전국 지사 영업성과가 적었다. 사무실에서 생각하려니 답답한 마음만 깊어졌다. 다급한 생각들이 꼬리를 물었다. 혼자 가방 하나를 메고 제주도로 향했다. 가만히 오롯이 혼자 있는 시간에 빠져 들었다.

천천히 작전을 짰다. 어렵게 생각하지 말자는 것에 초점을 맞췄다. 대단한 계획은 시작 전에 포기하기 마련이다.

내가 짠 작전은 이랬다. 지인을 이용하되, 지인만 끌어 들이지는 않을 것. 그리고 목표를 잡되 적게. '하루에 한 구좌라도 만들기'였다.

목표는 높은 게 분명 좋다. 하지만 당시 설정한 목표는 실제적인 영업 탄력을 높이기 위한 목표였다. 지칠만한 목표는 피해야 한다고 생각했다. "하루 한 구좌씩이라도 늘리면 성공이다." 이 생각만 했다. 한 달 서른 건의 계약이 가시적으로 보여야 한다. 가시적인 목표에 다가가기 위해서는 가능한 목표를 잡아야 한다.

효과? 당연히 있었다. 한 달에 서른 건이 아니었다. 나는 첫 달에 30구좌, 두 번째 달에 100구좌, 세 번째 달에 200구좌를 달성했다.

각 영업지사에 들렀다. 그리고 200구좌 달성 방법을 설명했다. 내가 처음 '지인'에 포인트를 둔 영업방법이었다.

1. 맨투맨으로 해야 한다.
2. 눈을 마주칠 것.
3. 여행의 중요성을 상기시켜 줄 것.
4. 믿는다는 걸 보여준다.
5. 고객이 갑이다.
6. 지인 모임에서 홍보하는 센스 기르기.

허무할 정도로 간단한 방법이다. 하지만 이걸 말로 풀어서 설명해주면 다들 처음 듣는 말처럼 고개를 끄덕인다. 사람들은 간혹 알면서도 '아는 부분'이라 무시하는 경우가 있다. 그럴 땐 '귀에 딱지 앉도록' 말해줘야 한다.

그리고 그 말에 힘을 보태기 위해선 내가 먼저 시도해야 한다. 나는 내가 만들어낸 성과를 먼저 공개했다. 기초적인 세일즈 방식에 예시를 들었다. 너무 단순하다고? 틀렸다. 이 방법을 설명한 지사에서는 매번 좋은 결과가 나왔다.

각자 생각할 시간을 만들어야 한다.

가능하면 혼자, 문제와 마주하는 시간이면 좋다. 새로움. 알다시피 내가 가장 좋아하는 말이고, 내 무기라고 생각하는 부분이다. 그러나 새로움만큼 중요한 건, 시작한 일에서 일어난 문제를 해결하는 일이다.

해결책 없이 새로움만 쫓는다는 건 상상만 하는 것과 다를 바 없다. 뒤따라오는 결과에도 새로움이 준 긍정적인 면이 드러나야 한다.

단 한 번이라도 '생각하는 여행'을 떠나길 바란다. 문제가 아무것도 아니게 다가오는 시간을 누릴 수 있다.

즐거움은 답이 아니다

프롤로그에서도 말했다. 즐거움은 답이 아니다. 즐거움만 쫓는다면, 일을 안 하는 게 최고다. 일 말고도 즐길 수 있는 건 얼마든지 있다. 하지만 그럼에도 불구하고 일을 해야 하는 이유를 누구든 안다. 좁게는 생활을 영유하기 위해서고, 넓게는 자기 자신을 확인하기 위해서다.

일을 일이라고만 생각하면 힘들 수밖에 없다. 일이라는 단어에 아무리 '자기 자신 확인'이라는 그럴싸한 말을 덧붙여도 일은 일이다. 사실은 생활을 영유하기 위해, 억지로 하는 사람이 더 많은 게 현실이다.

내가 할 수 있는 조언은 하나다. 즐거운 일에만 매달리지 말고, 지금 하고 있는 일을 즐기라고 말이다.

우리는 싫어도 해야 하는 일이 있다는 걸 이미 알고 있다. 학교를 다니면서, 하고 싶은 공부가 아니라도 해야 했다. 늘 방학이면 좋으련만 개학일이 되면 억지로 학교에 갔다. 기필코 해야 하는 기초적인 일은 학교에만 있는 게 아니다. 사회에도 있는 법이다.

생각을 조금만 바꾸면 즐거워진다. 학교에서 억지로 펜을 들었고, 하루쯤 더 쉬고 싶어도 학교에 갔다. 하지만 결국 배운 게 있고 학교생활이 생각만큼 지옥 같지는 않았다. 오히려 또래들과 어울리는 게 집에 있는 시간보다 재미있었다.

견딜 수 있는 부분은 어디에서든 생긴다. 그건 사회에서도 마찬가지다. 오히려 사회에서는 견딜만한 게 더 많다.

벼락부자라 해도 일은 해야 한다. 돈을 벌려는 목적이 아닌 성장에 목적을 둔다는 게 다르겠지만, 현재의 삶을 유지하려 한다는 건 벼락부자도 다르지 않다.

우리는 일을 통해 성장할 수 있다. 계속해서 생각하고 움직이기 때문이다. 일이 개인의 생각을 막고, 틀 안에 고정시킨다고 생각하면 안 된다. 일이라는 건 개인이 가장 크게 성취감을 맛볼 수 있는 것이다. 물론 일이라고 한정 지을 수는 없지만 말이다.

내가 할 수 있는 조언은 일관적이다. 즐거운 일을 찾지 말고 지금 하고 있는 일을 즐기라고 말이다. 어차피 해야 할 일이라면 그 일을 즐기는 게 더 좋다. 일이 재미없다고 피하고, 다른 일만 찾아가면 시간낭

비일 뿐이다. 지금 흐르는 시간 몇 분, 몇 시간도 적은 시간이 아니다.

나는 일을 무던하게 즐겼다. 안 될 때는 곧 될 거라는 희망으로 즐겼고, 잘 될 때는 더 잘 될 거라는 희망으로 즐겼다. 왜 그렇게 긍정적이었는지 모른다. 이 글을 읽는 당신이 내 긍정적 성격의 반대 성격이라면, 다르게 생각해도 좋다. 다만, 이렇게 생각해주면 좋겠다. "어차피 피할 수 없다."고 말이다. 피하려면 진작 피했을 일이다.

나는 여행사를 운영하면서 여행가이드로 해외든 국내든 가리지 않고 따라 나섰다. 단체 여행자들을 한 곳에 모이게 만들고, 그 모인 사람들을 데리고 구석구석 돌아다니는 일, 설명해야 하는 일은 꽤나 지치는 일이다.

언제 터질지 모르는 사고에도 마음이 조마조마했다. 그래도 어쩌랴 내가 해야만 하는 일인데 말이다.

나중에는 바쁘다는 핑계로 여행가이드 일을 빼먹고 다른 직원을 보내기도 했다. 문제는 마음이 편하지 않았다는 거다. 하루라도 쉬면 마음이 편안해질 거라 생각했는데, 전혀 아니었다.

"회사 대표도 일을 즐기지 못하는데 다른 직원은 어떨까?" 싶었다.

사무실에 앉아서 알아보기 시작했다. 즐거움을 만들 근간을 마련해야 했다. 여행가이드에 관해 검색도 하고, 괜히 내가 가보고 싶은 곳을 목적지로 여행상품을 구상하기도 했다.

그러다 홈페이지 곳곳에 남겨진 여행객들 사진을 살펴봤다. 하나같이 웃는 표정이었다. 여행자들의 웃음은 인솔하는 사람에 따라서 달라질 수 있다는 생각이 들었다.

나는 늘 사람들에게 말했다. 여행은 중요하다고 말이다. 여행에서 얻을 수 있는 건 분명하다고 몇 번을 강조했다. 대부분은 내 말을 믿고 여행을 다녀왔다. 자신의 시간을 쪼개서 여행갈 시간을 만들었다.

내 시간만 소중한 게 아니다. 남들의 시간도 중요하다.

여행자들은 어렵게 시간을 만들어서 가족들 혹은 친구들, 연인과 함께 여행을 온 것이다. 내가 늘 다른 사람에게 만들라는 '여유'를 얻기 위해 온 사람들이다. 여행가이드 책임은 그들의 소중한 시간을 버리지 않게 하는 일이다.

인솔하는 사람의 중요성에 대해서 깨닫게 되었다. 여행가이드는 따라다니면서 조마조마해야 하는 사람이 아니다. 많은 사람들의 소중한 시간을 책임지는 사람이다.

신기하게도 내일이라도 당장 어디든 가서 여행가이드 역할을 해야겠다는 생각이 들었다. 그리고 바로 전화를 들어 스케줄을 잡았다.

"내일 가이드 일정 어디 있지? 그거 내가 갈게."

마음먹은 일은 빠르게 진행해야 한다. 그날 저녁 다음날 일정을 계획하고, 여행지 설명을 속으로 몇 번이고 연습했다. 오랜만에 즐거운 일을 만난 기분이었다.

사람들 하나하나 얼굴을 보고 웃었다. 내가 즐겁다고 생각하니, 어려운 일이 아니었다. 마이크를 내려두고 인원을 체크했다. 예전 같으면 마이크를 들고 사방팔방에 대고, 모이라고 소릴 질렀을 일이었다. 버스에서 내리는 사람들 손을 잡았다. 뭐니 뭐니 해도 사람들과의 적당한 거리 좁히기에는 가벼운 배려가 좋다.

식당에서도 마찬가지였다. 아이들 챙기느라 밥을 제대로 못 먹은 부모들의 숟가락이 놓일 때까지 기다렸다. 그전에는 시간에 맞춰서 차로 모이라고 은근한 눈치를 줬을 나였다. 나는 그게 다른 인원들의 시간을 아껴주는 일이라 생각했지만, 아니었다. 다들 아무 말 없이 서로를 기다려줬다. 기다림에 채근하는 사람은 아무도 없었다.

여행은 여유의 시작이다. 다들 조급한 마음은 집에 두고 왔다. 여유로운 시간을 보낼 여행객들에게 조바심 갖게 만들어서는 안 된다.

모든 건 생각으로 결정 난다고 해도 과언이 아니다. 생각을 한 번에 뒤집는 건 불가능하다. 그렇다면 조금씩 긍정의 방향으로 발을 내미는 건 어떨까?

긍정적인 나라는 사람도 힘든 일은 있다. 심리적인 좌절도 느낀다. 그러나 긍정적인 부분에 마음을 늘 열어둔다. 무조건 잘 될 거라는 확신이 없을 때도 있다. 그럴 땐 마음속으로 잘 될 거라는 확신의 말에 한 발, 한 발 걸음을 옮기면 된다.

생각을 조금씩 바꾸는 게 더 큰 힘이 되지, 갑자기 바꾸는 건 아무 준비 없는 상태나 마찬가지다. 긍정의 길목에서 뒷받침 될 만한 근거를 찾아야 한다.

나는 여행가이드를 하면서 긍정의 근거를 사람을 통해 알았다. 여행을 하는 사람들의 마음을 내가 전해 받을 수 있다는 게 가장 큰 매력이었다. 누구에게나 긍정의 근거를 만들 기회는 있다.

일을 즐기는 사람이 성공한다. 내가 확신하는 여러 개의 가설 중 하나다.

이런 경우도 물론 있다.

남들이 다 무시를 해도 내가 좋아하는 일 하나를 파서 성공하는 사람들 말이다. 그 말도 사실이다. 절대적으로 내 말이 옳다고 생각하지 않는다.

하지만 우리가 삶의 길을 걸어왔을 때, 즐겼던 일만 할 수 없다는 걸 다 아는 것도 사실이다. 하기 싫어도 굳이 해야 하는 일들이 더 많은 게 세상이다.

그렇다면 어떤 자리에서도 즐길 수 있는 사람이 되어야 한다. 즐길 수 있다는 건, 멀리 있지 않다. 일의 주변에는 분명 그 시간을 버티게 하는 소박한 이유가 생기기 마련이다.

직원 중에 작은 화분을 키우면서 재미를 찾는 사람도 봤다. 모든 건 생각하기 나름이라는 걸 잊으면 안 된다.

아는 만큼 보인다

"어디로 가야 좋을까요?"

여행사를 하면서 가장 많이 받는 질문 중 하나다.

"거긴 어때요?"

"지금이 가장 적절하죠?"

여행은 스스로 짜는 게 좋다. 하지만 모르는 게 더 많다. 다 가본 것도 아니고, 주변에 가본 사람이 없다면 더더욱 그렇다. 요즘엔 자율적으로 가려는 사람들이 늘어나는 추세다. 그러다보니 저런 질문을 매번 받는다.

요즘 여행의 트렌드를 보자면 단체가 아닌 개인 여행 추세며, 가까운 해외가 아닌 더 먼 곳으로 여행을 계획하는 걸 알 수 있다. 다양한 활동을 중요시 하는 요즘의 생활 패턴을 따라가고 있다.

비행기 안 가는 곳이 없다. 마음만 먹으면, 어디든 날아갈 수 있다. 그래서인지 여행자들은 지금의 현실, 비슷한 문화권에서 최대한 먼 곳으로 떠나려 한다.

여행은 한 번 다녀오면 못 멈춘다. 더 많은 곳을 가려고 하고, 보려고 한다. 나도 여기저기 많이 나갔다 왔다. 말레이시아, 베트남, 싱가포르, 태국, 대만, 일본, 홍콩, 카타르, 마카오, 예맨, 바그다드, 터키, 두바이, 스페인, 포르투갈, 독일, 프랑스 등 20개국 이상을 다녀왔다. 다녀올 때마다 더 나가고 싶어 몸이 간질간질했다.

여러 나라들을 돌아다니면서, 추천하고 싶은 여행지 몇 곳을 간추려봤다. 이건 지극히 내 개인적인 추천이다.

제일 먼저 추천하고 싶은 나라는 가깝고도 먼 나라 중국이다. 일본은 워낙 교류나 문화 개방이 빨랐다. 그래서인지 많은 사람들이 일본정도는 어려움 없이 다녀왔다. 중국의 경우는 워낙에 땅이 넓어서인지 하나하나 다 말을 하기도 어려울 정도로 다양한 문화와 풍경이 있다.

중국 여행을 계획하는 사람들이 패키지 상품으로 자주 찾는 곳은 장가계다. 유명 영화의 배경으로 나온 곳이라 많이들 장가계의 이미지를 알고 있다. 금강산의 열배라고 하니 더 이상 말이 필요 없다.

도심과 다르다. 아무 건물에 걸려있지 않은 산을 바라보고 있으면 가슴 한 구석이 뻥하고 뚫리는 기분이다. 개인마다 다를 수 있으나, 나는 장가계가 중국에서 많이 찾는 황산보다 더 아름답다고 생각한다.

중국은 가까운 여행지로, 그 거대한 땅덩어리는 한 번은 봐야하지 않을까 싶다.

다음으로 가장 추천하고 싶은 여행지는 터키다. 멀리 갈수록 새로운 걸 볼 수 있다는 말을 나는 믿는다. 우선 낯설지 않다는 것에 의미를 둔다. 우리나라와 날씨가 비슷하다. 하지만 아무리 춥고, 더워봤자 우리나라보다 덜 춥고 덜 덥다.

터키는 형제의 나라라고도 부른다. 우리나라 전쟁에 많은 군인들이 참전을 해 도와주었다. 서로가 우호적인 감정을 갖고 있으니, 터키에서 한국인이라고 차별 받는 일은 드물다.

대표적으로 2002한일월드컵을 말할 수 있다. 3 · 4위전에서 우리나라는 터키와 함께 경기를 하게 됐다. 우리나라는 터키에 밀려 4등을 했다. 하지만 경기가 끝난 뒤에 서로서로 응원했다. 어느 나라의 승패와 관계없이 서로의 팀을 향해 손뼉을 쳐 주는 일은 형제의 나라기에 가능했다.

터키라고 하면 제일 먼저 떠오르는 건 카파도키아의 벌룬투어다. 간혹 터키라고 생각하지 않고 벌룬의 이미지만 기억하는 사람도 있다. 하늘을 걷는 기분이 아마 벌룬을 탄 기분과 비슷하지 않을까? 그만큼 매력적인 경험을 할 수 있는 곳이다.

발아래 풍경이 주는 이미지는 특별하다. 마치 버섯처럼 생긴 기괴한 모양의 돌들이 아무렇게나 늘어서 있다. 오래전 화산폭발 이후 풍화작용을 통해 특이한 암석군이 생겨난 곳이다. 푸른 산이나 갈색의 토양과는 다르다.

그뿐만 아니다. 터키 남서부에 위치한 파묵칼레는 기이하고 아름다운 자연이다. 고대도시 유적까지 어우러진 곳으로 카파도키아만큼 아름다운 여행지다.

파묵칼레는 터키어로 '목화의 성'이라는 의미다. 계단처럼 만들어진 경사면을 흐르는 온천수가 빚어낸 장관 때문에 붙은 이름이다. 석회 성분을 다량 함유한 이곳의 온천수가 수 세기 동안 바위 위를 흐르면서 표면을 탄산칼슘 결정체로 뒤덮어 마치 하얀 목화로 만든 성을 연상시키기 때문이다.

여행은 지금 내가 살고 있는 곳과 다른 곳으로 가는 게 좋다. 물론 이것도 내 개인적인 생각이다. 이왕 시간 내서 나간다고 하면, 늘 주어져있는 풍경과는 다른 곳을 바라봐야 다른 생각을 이끌 수 있다.

아는 만큼 보인다. 여행도 다녀봐야 안다. 나를 먼저 들여다보기 전에 많은 걸 봐둬야 한다. 여행만큼 많은 걸 알게 해주는 일도 드물다.

트렌드는 대부분 사람들의 경향을 보여준다. 하지만 그 외의 사람들 취향도 분명 존재한다. 무조건 트렌드를 맞출 필요는 없다. 여행은 되도록 움직이는 일에만 몰두해도 성공이다.

먼 곳에서 어렵게 찾는 것도 답은 아니다. 가까운 제주도만 가도 기분이 한결 나아진다. 내가 생각하는 날 Thingking day로 정하고 자주 가는 곳 중 하나이기도 하다. 어딜 가도 드넓은 바다를 볼 수 있다. 곳곳에 있는 크고 작은 오름도 다녀오기 좋다.

아무 생각이 없이 다녀와도 좋다. 다만 어딜 가는지 그곳이 어디인지만 확실하게 계획을 짜야 한다. 계획이 첫발이라는 걸 잊으면 안 된다.

효율적 시간 관리

시간은 빠르다. 아니 누군가에게는 느리게 느껴질지도 모른다.

시간이라는 건 개인 간 활용에 따라 차이가 있다. 방에 누워서 텔레비전 채널만 돌리는 사람에게는 하루가 너무 짧다. 반대로 시간활용을 정하고 일과 여가시간을 나눠서 사용하는 사람에게는 하루가 길다.

그러나 개인에게 활용할 수 있는 시간은 하루 24시간으로 똑같다. 시간을 효율적으로 이용할 수 있는 건 개인의 재량이다. 시간을 활용하는 법은 나름의 법칙을 만들어야 한다,

이모작이라는 경작방법이 있다. 동일한 농장에 두 종류의 농작물을 재배하는 것인데, 1년 중 서로 다른 시기에 재배함으로써 토지 이용률을 향상시킨다. 좁은 토지 안에서 보다 많은 농작물을 생산하기 위한

방법이다.

시간도 마찬가지다. 농작물 기르듯 이모작을 활용하면 좋다.

시간과 재배방식이 어떤 상관이냐고 물을 수 있다. 하지만 일 년 절기 빈틈없이 농작물 재배를 하는 이모작 방식을 시간에 끌어오기에는 충분하다. 이모작에서의 일 년을 하루라는 시간으로 끌어오면 된다. 하루의 시간을 빈틈없이 활용하는 것이다.

보통 사람들은 새벽 여섯 시에서 일곱 시에 일어난다. 밥을 먹고 씻고 출근 준비를 하고, 회사에서 일을 시작한다. 이 보통의 시간을 더 활용하는 방법은 간단하다. 더 일찍 일어나는 방법이다.

일찍 일어나서 회사에 먼저 도착하라는 말이 아니다. 개인의 시간으로 활용하라는 얘기다. 아침부터 저녁까지 우리가 일을 해야 하는 시간은 정해져 있다. 미리 일에 더 매달리는 시간을 만들라는 게 아닌 그 반대다.

이모작은 서로 다른 경작물을 재배하는 일이다. 이모작처럼 회사의 일과는 상관없는 다른 일을 하라는 것이다.

나는 새벽시간을 개인공부 시간으로 활용한다. 일찍 일어나 하는 일은 독서나 영어공부다. 가끔 오전 회의준비를 검토하는 시간으로 쓰기도 하지만 대부분이 회사와 상관없는 일로 보낸다.

새벽 네 시, 다섯 시에 일어나는 게 불가능하다고 말하기도 한다. 그렇게까지 시간을 활용해야 하나요? 라고 묻는다면 '개인 선택'이 정답이지 내 말이 정답은 아니다. 더 활용할 수 있는 시간이 분명 존재한다는 걸 알려주기 위한 말일 뿐이다.

하루 중 짧게는 한 시간, 길게는 두세 시간이 남보다 더 길다고 생각해보자. 매일매일 늘어난 시간만큼 내가 할 수 있는 일이 늘어난다. '해야만 하는 일'이 아닌 '할 수 있는 일'에 초점을 맞춰야 한다. 심지어 '남보다 더 많은 시간'이라는 거다.

물론 일찍 일어나는 게 쉬운 일은 아니다. 그리고 이른 시간에 나를 위한 일, 무엇을 해야 할지 정하는 것도 쉽지 않다. 잠이 더 중요한 사람이 있기도 하다. 판단은 내 몫이 아니다. 각자의 몫이다.

하루 시간을 이모작으로 활용하기 위해선 그저 평일의 아침시간으로만 생각하면 안 된다. 주말의 시간까지 같이 이용해야 효과가 높다.

매주 수요일 회사 내 독서토론 시간이 있다. 그리고 토요일 새벽 리더스클럽 독서토론모임에도 참여한다. 새벽 시간 중 독서 시간을 가장 많이 활용하는 이유 중 하나다. 평일 아침에 읽는 책들은 대부분이 독서토론에 참석하기 위한 책들이다. 정해진 책을 읽는 시간으로 평일 오전을 활용하고, 토요일 새벽에는 읽은 부분을 함께 확인하는 시간으로 만들었다.

혼자 책을 읽는 자체로도 충분하다. 하지만 다양한 사람들과 공통된 책을 읽고 정보를 나누는 일은 꽤 많은 도움이 된다. 무엇보다 주변에 사람 많을 걸 좋아하는 나에게 이보다 좋은 활동이 없다.

일요일은 움직이는 활동으로 새벽을 연다. 모악산 등산이다. 산을 오를 때 가장 마음에 드는 건 머리 위에서 쏟아지는 별빛이다. 바로 눈앞으로 쏟아져 내릴 것 같은 별들은 내 발걸음이 옮겨질수록 점점 흐려지다, 사라진다. 사라진 별빛을 대신하는 건 주변의 풍경들이다.

점점 밝아지는 해를 받아 우거진 숲이 몸을 드러낸다. 같은 배경이면서도 다른 모양을 갖고 있다. 숲은 맑은 공기를 만들어 준다. 숨이 차오르면서도 건강해지는 기분을 맛볼 수 있다. 그래서 나는 매일 새벽 다섯 시에 일어난다. 벌써 오 년째다. 이제는 몸에 배어 습관이 되었다.

아침은 나를 기다리지 않는다. 하지만 떠오르는 태양을 마주하는 시간을 만들 수는 있다.

일찍 일어나서 '나만의 시간'을 만들고 싶다면 노트를 하나 준비해서 적어보자. 어렵고 꼼꼼하게 적을 필요도 없다. 원래 일어나는 시각에서 더 이르게 일어난 시각을 쓰고 몇 시간의 공백을 어떻게 활용했는지 말이다.

예를 들어 평소 일곱 시 반에 일어나는 사람이 다섯 시 반에 일어나 영어공부를 했다면, 날짜와 일어난 시각 그리고 두 시간이라는 얻은 시간을 적어 두고, 영어공부 활동을 어떻게 했는지 정도를 쓰는 일이다.

시간을 날짜별로 쓰되 한 칸을 더 만들어 누적시간을 계산해 두는 것도 좋다. 이렇게 평일 5일만 유지해도 무려 10시간이 더 생긴다. 공부활동을 강요하는 건 아니다. 하지만 이왕 생기는 이모작 시간을 발전을 위한 시간으로 활용하면 더 좋지 않을까 싶다.

내 지인은 아침 시간을 활용해서 외국 드라마를 본다고 한다. 물론 영어자막으로 말이다. 재미없는 공부를 쉽게 하기 위한 하나의 방법을 만들어 둔 셈이다.

하루의 시간은 공평하지만 삶은 공평하지 않다. 각자 다르게 살아가고, 다른 삶을 산다. '누구나에게' 주어지는 시간에 법칙을 만들어 활용한다면, 법칙 없이 버티는 시간을 보내는 '누군가 보다는' 나은 삶이 주어진다.

4부

"자격 있는 말과 자격 없는 말"

책임감

뻔하다고 생각하는 사람이 몇 있을 것이다. 책임감이라는 말은 얼마나 흔한 말인가. 그러나 또 얼마나 지키기 힘든 말인가.

우리는 쉽게 알고 있으면서도 인지하지 못하는 경우가 있다. 책임감이라는 말은 수면 위에 쉽게 몸을 드러내는 만큼, 금세 몸을 감추기도 한다. 내가 인지하고는 있지만, 쉽게 사라지는 말처럼 생각하는지 혹은 그 말을 늘 지키고 있는지 확인해야 한다.

내가 하는 일은 수십 명의 직원을 위한 일이면서도, 5만 명 회원을 위한 일이다. 책임감이라는 말을 잊을 수 없는 이유 중 하나다. 굳이 인원이 많기 때문은 아니다. 책임감이라는 건 결국 '나에 대한 평가' 기준이 된다.

내가 맡은 일을 해냈는지 못 해냈는지가 아닌 책임을 갖고 이행했느냐가 중요하다. 보통은 일의 성공여부로 사람을 평가하고 책임감까지 들먹인다. 책임감이라는 걸 가졌느냐 말았느냐는 개인 문제가 아니다. 전체 일의 결과와 평가까지 진행된다.

결과와 평가는 내가 내리지 못한다. 내가 내리는 결과와 평가는 이해심이 많다. 결국 나는 발전에서 한 발자국씩 멀어지게 된다. 타인의 평가에 귀를 기울이고, 신경을 써야 하는 이유다.

회원 중 한 명이 악의적으로 게시판에 비난 글을 올렸다. 계약 취소가 느리게 진행됐기 때문이었다. 취소는 개인의 선택이다. 일부러 늦게 처리하려는 의도는 없었다. 어차피 탈퇴를 결심한 회원의 마음을 되돌리기는 힘들다. 마음 되돌리는 노력을 하지만 계약 취소를 느리게 해서 지치게 만드는 얄팍한 수법은 안 쓴다.

결과는 이미 우리를 벗어났다. 게시판을 통해 판단이 내려졌다. 사람들은 글을 본 후에 우리에 대한 평가를 부정적으로 내릴 수밖에 없다. 이건 컴플레인 처리 문제지만 책임 문제와도 관련이 깊다.

책임이라는 말은 내 평가다. 누구든 먼저 나서서 설명을 해주었다거나, 빠르게 답변의 말을 달았다면 글을 올린 회원의 마음을 쉽게 돌릴 수도 있었을지 모른다. 하지만 이미 시간은 지나가 버렸다.

그 글을 본 다른 회원들 "나도 이렇게 되는 거 아니야?"라고 쉽게 마음의 결정을 내린다. 부정적 평가가 쉽게 내려지게 되는 것이다.

부정적인 평가는 자연스럽게 '책임 안 지는 회사'라는 꼬리표를 만든다. 책임감이라는 건 나만 지킨다고 만들어 지는 게 아니다. 바깥의 상황에 맞춰서 방어를 해야 한다.

굳이 게시판 글 문제라고 볼 수 없지만, 그 글이 게재된 이후 회원 탈퇴가 조금 늘어나기도 했다.

회사에서 갑자기 바뀌는 상황이 있을 땐, 그 상황을 읽어내고 대응을 해야 한다.

나는 회원 탈퇴의 문제를 '일의 처리 시간'이라고 읽었다. 업무 프로세스를 더 간략하고 빠르게 바꾸었다. 대신 회원 가입을 더 늘리기 위한 방안도 생각했다. 마케팅을 통한 광고를 떠올렸다. 어디에서든 방법은 찾아야 한다.

이탈되는 회원수는 언제든 생길 수 있다. 방지책을 만들어 두고, 다시 새로운 회원을 늘리는 건 회사 안에서 일을 하는 직원의 책임이다.

일을 할 때의 책임감은 능력보다 더 중요하다. 하는 일을 정확하게 짚어내고, 해결책을 제시하는 일이기 때문이다. 그래야만 직원 개인과 회사, 회원까지 만족할 수 있다.

어느 회사든 문제점은 발생한다. 국가도 파산이 나고, 은행도 인수합병이 되는 판국에 작은 회사가 안 망하라는 법은 없다. 이럴 때일수록 회사 운영에 책임감을 가져야 한다.

투어컴 구조는 파산과는 먼 구조이긴 하다. 회사가 고객의 돈을 들고 있지 않기 때문이다. 돈을 들고 있는 사람이 삼만 명의 회원이라 해도 틀린 말이 아니다. 이미 여행을 다녀온 사람이 회사에 돈을 주는 구조다. 그러다보니 여행을 다녀온 회원, 앞으로 들어올 회원들의 돈이 회사 자산인 것이다. 이탈 회원에 대해서 민감하게 대처하는 이유 중에 하나다.

나는 나쁜 짓을 한 사람들에 대해서도 너그러운 마음을 갖고 있다. 어떤 일에 대한 노력을 했다는 것에 대해서 말이다. 너그러운 마음이라는 게 어떤 의심을 불러일으킬 수 있다. 내 말을 마치 '범죄자도 대단하네'라는 식의 일방적 생각이라고 오해하지 말아주면 좋겠다. 내가 말하는 건 그저 하나다. 한 사람이 고민을 하고 행동한 그 자체에 대한 말이다.

나쁜 짓 한 사람이 다른 사람들과 다른 건 하나다. 바로 책임감의 문제다. 앞으로 올 상황의 결과에 대해 책임을 질 수 있는지 말이다. 모두에게 이로운 일만 하기란 어렵다. 하지만 결과에 대한 책임을 진다면 달라진다.

그리고 살면서 미신처럼 믿게 되는 한 가지를 덧붙이자면, 모든 것은 뿌린 대로 거둔다는 것이다. 거짓 없이 돌려주는 게 세상이다. 노력해서 나쁜 짓 하나를 했다면, 자신에게도 나쁜 일 하나가 되돌아 올 가능성은 높다.

이왕 노력해서 생각하고 행동을 한다면, 뿌리고 난 뒤에 거둬도 될 만한 일. 본인이 책임을 질 수 있는 일에 집중해야 한다.

가끔 거래처에서 실수를 하는 경우가 생긴다. 나는 그럴 때마다 우리 회사 안의 담당직원을 부른다. 그리고 당연히 다그친다. 직원은 푸념한다.

"제가 한 실수가 아닌데 왜 제가 모든 걸 떠안아야 하죠?"

틀린 말은 아니다. 하지만 그 거래처와의 일에 대한 책임은 당연히 일을 진행한 내부의 직원이 져야 한다.

예를 들어, 이제 갓 고등학교나 졸업한 아이가 돈을 달라고 했다. 그래서 큰돈을 건네주었다. 그러다 일이 생겨, 돈이 사라졌다고 해보자. 그렇다면 이 일의 책임은 누구에게 있을까. 그 아이에게 있을까? 아니다. 돈을 건네 준 사람에게 있다.

하나의 판단을 하고 일을 진행할 때는 상대를 무조건 옳다고 해서는 안 된다. 뒤이어 일어날 수 있는 나쁜 일도 염두를 하고 최대한 발생하지 않도록 계획을 세워야 한다.

사람 일이라는 게 늘 계획처럼 되지 않는다. 그렇다고 하더라도 최악의 상황은 예측하고 책임을 져야 옳다. 담당이라는 위치에서 판단을 세울 때, 상대를 어린아이처럼 생각을 해둬야 한다. 무조건 안 된다고 혼내라는 말이 아니다. 아이가 할 수 있는 사고에 대한 것을 염두하고 그 일을 책임질 수 있다고 확신했을 때, 결정을 내려야 한다는 말이다.

자격 있는 말이 남는다

"그런 말할 자격이나 돼?"

주말 드라마만 봐도 툭하면 나오는 대사다. 말할 자격을 가지라는 말. 이거 그냥 넘어가기엔 아쉬운 부분이다. 말을 했을 때, 내가 자격이 되어야 한다는 것보다 중요한 건 없다. 특히나 비즈니스에서는 더더욱 강조해야 하는 부분이다.

말할 때, 자격을 갖춰야 한다.

내가 직원들에게 지각은 하지 말라고 말하면서, 출근 시간도 정확하게 못 지킨다면 어떨까. 내 말은 더 이상 듣지 않아도 되는 말이 될 수 있다. 내가 하는 말은 '나도 지킬 수 있는 말'이어야 한다.

말을 할 때 신중 하라는 건 괜히 있는 말이 아니다. 한 번은 더 들여다봐야 한다. 나는 과연 그런 말을 할 자격이 있는지, 혹은 말 할 자격조차 없는 사람인지에 대해서 말이다.

말이라는 건 쉽다. 입 조금 움직이면 뱉을 수 있다. 손끝 하나 안 움직여도 된다. 그래서인지 말을 쉽게 뱉는 사람이 많다.

말은 쉽게 뱉을수록 나 자신을 어렵게 만든다고 생각하면 된다. 조심 안 하려야 안 할 수 없다.

말에는 생각과 기술이 필요하다. 자격 있는 말과 함께 말의 기술까지 염두하고 있어야 한다.

첫째, 애매한 말은 하지 않아야 한다.

괜히 말을 돌려하는 사람이 있다. 십중팔구 본인도 몰라서 하는 얘기다. 본인도 모르는 이야기는 하지 않는 게 좋다. 괜한 유언비어 남발하지 말자는 거다. 모르는 말은 모르는 결과를 낳는다. 우리는 모든 답을 몰라도 예측 가능할 수 있는 근거에 기대야 한다. 그러려면 명확해야 한다.

일기예보를 보자. 매번 틀려도 예측 가능한, 날씨를 말해준다. 그리고 그건 근거가 있다. 근거 없이 '비가 올지도 모른다, 아마도 내일은 추울 거다.'라는 말은 안 하는 게 좋다는 거다.

확신을 줄 수 있는 근거를 두고 말해야 한다. "내일은 날씨가 맑습니다. 이동성 고기압의 영향을 받기 때문입니다."라고 할 때와 "어제도 날씨가 맑았으니 오늘도 맑은 날이 이어지겠습니다."라는 말에는 확실한 차이가 있다.

몰라서 애매하게 하는 것보다 더 나쁜 게 있다. 본질을 숨기고 말하는 거다.

지인들과 이야기를 했을 때다. 한 사람이 말했다.

"대표님이 계속 음흉하게 말을 해서…"

남자 대표가 남자 직원에게 음흉하게 말 한다는 걸 이해하지 못했다. 음흉하다는 말은 이런 식이었다.

"자네 그래서 이번 휴가 어디로 간다고?"

"네, 가족들이랑 하와이에 가기로 했습니다."

"오늘 결정 내려진 사항인데, 상반기 회의가 바뀌었어. 자네 휴가 기간과 겹치더라고."

"그럼 일정을 변경할까요?"

"아냐, 뭐 변경까지야."

직원은 휴가 일정대로 떠났다. 회의날, 대표는 여행 간 직원을 엄청 깠다(?)고 한다.

하고 싶은 말은 그대로 전달하는 게 최고다. 눈치 채고 알아서 해준다는 건 옛 말이다. 그걸 떠나 왜 하고 싶은 본질적인 말을 감춰서 '알아서 하게' 만들려고 하는지 도통 이해되지 않는다.

'알아서 하게' 하려면, 제일 먼저 말을 정확하게 전달해야 한다. 말을 꼬아서 하면 상대는 꼬아서 생각할 수밖에 없다. 스스로 음흉한 쪽인지 진단해봐야 한다.

둘째, 내가 듣기 싫은 말은 남에게도 하지 말아야 한다.

듣기 싫은 소리? 당연히 셀 수없이 많다. 내가 듣기 싫은 소리 남한테 해봤자 이득 하나 없다. 사람들이 다 달라도 공통적인 부분은 있다. 잔소리는 누구든 싫어한다는 것.

어렸을 때 잔소리 들으며 자라지는 않았다. 잔소리 들을 행동을 안 해서? 그건 아니다. 하지만 분명한 건, 행동을 바꿀 수 있는 건 잔소리가 아니다. 내가 잘못된 행동을 했을 때 잔소리하는 '시어머니' 같은 존재는 나를 더 잘못되게 한다.

타인을 대할 때도 명심해야 한다. 내가 듣기 거북한 말은 남들도 똑같이 느낀다는 걸 말이다.

나는 강압적인 말투를 싫어한다. 특히 "~하지 마."라는 식의 부정 명령형은 더더욱 싫다. 그래서인지 남들에게도 이렇게 말하지 않는다.

하지 말라는 말도 충분히 다르게 말할 수 있다. 바로 이유를 뒷받침해서 알려주는 일이다. 위에 든 예시로 변형을 해본다고 가정하면 이렇다.

"상반기 회의 일정이 바뀌었네. 휴가가지 말게나."

이런 식의 발화는 너무 이기적이다.

"상반기 회의 일정이 바뀌었는데, 자네 휴가 기간과 겹쳐지더군. 일정은 변경 할 수 있겠나? 아무래도 상반기 회의는 중요해서 자네가 참여하는 게 더 도움이 될 것 같아."

충분히 말할 수 있다. 명령이 아니다. 더 중요하게 생각할 수 있는 것. 서로에게 도움이 된다는 일에 초점을 맞춰서 말을 했다. 저 위의 예시처럼 '음흉한' 발화도 아니다.

명령해야만 하는 일, 명령해야만 하는 상대도 있다. 하지만 무조건적인 명령적 발화가 오히려 반발심을 일으키는 사람이 있다. 대부분 사람이 그렇다.

내가 듣기 싫은 말의 방법과 말의 방향은 상대에게도 조심해야 한다.

셋째, 도움 되는 말을 해야 한다.

호통만 치는 사람이 있다. 나 또한 호통 먼저 나갈 때가 많다. 하지만 늘 스스로 노력한다. 화가 차오르기 전에 이 말을 먼저 생각한다. '도움 되는 말부터' 하자고 말이다.

주변에서 이런 사람 많이 봐 왔다. 대부분 꽤 높은 자리에 있는 사람들이 호통에 일가견이 있다. 목소리 커야 이기는 사람처럼 군다. 호통쳐서 좋은 거 하나 없다.

자격이 있다 하더라도 마찬가지다. 내가 자격을 갖추라고 한 이유는 큰소리 내라고 일러준 말이 아니다.

말이라는 건 서로를 엮는 기초적인 연결고리다. 기초적일수록 조심해야 한다. 쉬운 한마디 말로 당신은 나쁜 사람이 될 수 있고, 좋은 사람이 될 수 있다.

대화를 할 땐, 기본적으로 좋은 말을 하도록 노력해야 한다. 말 예쁘게 하는 사람치고 미움 받는 사람 못 봤다. 우선 예쁜 말에는 상대를 배려하는 마음이 보이기에 충분하다. 배려 받는 사람은 배려를 줄 수 있다. 서로가 배려를 하면 좋은 일은 스스로 찾아온다.

그러면서 각자의 발전에 도움이 되도록 해야 한다. 내가 가장 자주 하는 말은 "독서를 하는 게 어때?", "일요일 아침마다 산에 가는데, 건강해지는 기분이 참 좋아. 같이 가볼래?"이다.

무조건적인 일 얘기나 명령이 아닌 도움 되는 일을 먼저 꺼내주면, 상대는 배려 받고 있다고 생각한다. 그 배려는 분명 나에게 되돌아온다는 걸 기억해야 한다.

최고의 전략은 행동이다

'실행력이 답이다'라는 말도 있다. 그만큼 움직이는 일이 가장 큰 효과를 불러온다는 말이다. 투어컴 지사 중에서 최고의 매출을 올리는 지점은 특징이 있다. 바로 행동이 빠르다는 거다. 다른 이유가 있을 수도 있다. 하지만 내 눈에 보이는 사실은 추진력, 곧 실행력이 좋았다는 점이다.

먼저 행동하라는 말을 강조했다. 실패든 시련이든 행동하지 않으면 모른다. 행동하지 않고 혼자 멍하니 생각만 하는 일은 안 하는 게 낫다. 답을 불확실하게 여기는 것보다 내 스스로 확실하게 정하고 나아가야 한다. 어차피 정답은 아무도 모른다고 가정해야 한다. 그러니 일을 실행하는 '나'라도 정해야 한다.

사업에서 가장 중요한 건 영업이다. 나는 입버릇처럼 말했다. 내 아이도 영업을 하면 좋겠다고 말이다. 영업이라는 건 직장에서든 사회에서든 가장 중요한 일이라고 생각한다. 말을 잘 하는 걸 영업을 잘 한다고 말할 수 없다. 성과가 높다고 해서 무조건 영업을 잘 했다라고 말하기도 어렵다.

영업은 나를 파는 일이다. 내 스스로의 신뢰를 인정받느냐 못 받느냐의 문제다. 물론, 말 잘 하면 좋다. 성과가 높으면 좋다. 그래도 더 중요한 건 한 사람의 신뢰성이다. 신뢰를 쌓아야 한다. 남에게 나를 드러내야하고, 옳은 일을 해야 한다. 그럼 성과는 자연스럽게 따라온다. 본인이 옳다고 생각하는 걸 정하고 말하면, 충분히 말도 잘 할 수 있다.

나는 다양한 여행상품을 팔았다. 투어컴의 상품 전체를 다 다룬 사람이다. 하지만 그 전에 '나'부터 팔았다. 처음 홍보를 하러 다닐 때, 나는 떨려도 사람들 앞에서 말을 했다. 상품을 팔았다는 말보다 내 말과 행동을 팔았다고 말해야 옳다.

급한 대로 상품만 뚝딱 팔아내려는 사람이 종종 있다.

예전에 보험을 하나 들었는데 막상 내가 다쳤을 때 연락했더니 통화가 불가능했다. 퇴사를 하고 번호를 바꿔버린 거였다. 다시 보험회사 본사로 전화를 걸고, 기다리기까지 꽤 오랜 시간이 걸렸다.

나는 상품을 산 게 아니다. 그 영업사원의 발을 샀다. 나에게 한 말을 믿었고, 움직이는 발만 사실로 받아들였다. 내가 악담하는 건 아니지만, 이 영업사원은 기필코 영업하지 않기를 바란다. 나처럼 믿는 도

끼에 발등 찍히는 사람만 생길 테니 말이다.

전략을 행동에 맞춰야 한다고 강조하는 이유는 내가 영업자 출신이기 때문이다. 그리고 행동을 통해서 성공한 사례가 많기 때문에 행동이 최고의 전략이라 말한다.

회원수를 늘리기 위해 안 가본 곳이 없다. 처음 지인을 통해서 회원수를 늘릴 때도 그랬다. 지인 모임이 없을 땐, 지인을 만들었다.

지인 만드는 게 뭐 일인가 싶었다. 조기축구회에 가입해서 지인을 만들었다. 아침마다 축구화를 신으면서 여행갈 일 없냐고 묻고, 운동이 끝나고 축구화를 벗으면서 여행갈 일 없냐고 물었다. 연계된 다른 조기축구회까지 가입했다. 가서도 하는 말은 마찬가지였다.

상조 상품을 물었을 때와 여행을 물었을 때, 사람들 반응은 달랐다.

"보험 들었어? 상조는?"

이렇게 물어보면 대부분 대답은 비슷하다.

"아휴, 그거 아직도 안 든 사람이 있어? 진작 다 들었지."

어쩌다 한 명 관심 가져준다. 하지만 여행은 다르다.

"이번에 여행 계획 없어?"

"아, 이번 여름휴가는 또 어딜 가지?"

여행은 일회성이 아니다. 한 번 다녀왔다고 안 간다 말 하는 사람은 없다.

여행 얘기만 꺼내도 다들 한 번쯤 눈을 위로 올린다. 고민한다는 얘기다. 고민 한 번 없이 "아니. 안 가."라는 사람 찾기가 더 어려운 게 여행이다.

나는 아직도 오랜만에 친구들을 만나면 "여행은?"이라고 첫 인사를 시작한다. "이 친구 또 시작이네."라는 사람은 아직 한 명도 없다.

행동이 몸에 배어있도록 만들어야 한다.

꼭 어디 가서 판매를 해야 하고, 어디에서는 모른 체 해야 하는 건 없다. 영업자는 쉬는 날에도 계약서를 품에 안고 있어야 한다는 게 내 지론이다.

최고의 전략은 꼭 내 일에만 한정 둘 수는 없다. 영업이 주요 업무인 사람과 비교하는 건 어렵다고 말하는 사람 있을지도 모른다. 상품을 파는 나만 움직여야 최고의 전략일까? 아니다. 이건 확신한다.

사무실에 앉아서 모든 일을 해결 할 수 있는 직종이 얼마나 될까? 요즘 인터넷 정보 속에서 많은 일을 해결할 수 있다고 말한다. 하지만 그 안에 정보는 모두 옳은 게 아니다. 잘못 된 정보를 선택하지 않기 위해선 움직여야 한다. 책을 읽는 일이든, 직접 나가서 눈으로 확인하든 어떤 작은 움직임이라도 해야 한다.

누구든 직접 행동을 하는 것과 그저 앉아서 일을 하는 것과는 다른 결과를 가져온다.

이런 행동방식에도 나만의 노하우 하나쯤은 있어야 한다. 나 같은 경우 '기초적인 일에만 집중해도 된다'는 방식의 사람이다. 그러다보니 노하우라는 게 별거 아니라는 생각이 들었다.

눈 마주치고 인사하기. 이거 하나로도 충분하다는 생각이다. 눈이 얼마나 중요하면, 마음의 창이라고까지 할까. 입으로 인사를 하기 전에 충분히 상대의 눈을 바라봐야 한다. 그저 입으로만 하는 인사와는 다른 효과가 있다는 것에 돈을 걸 수도 있다.

작은 행동이지만 돈 하나 안 드는 방법이다. 이건 평소 생활에서도 꼭 써야 하는 방법이기도 하다. 아침 인사를 할 때 눈 마주치는 직원이 있고, 아닌 직원이 있다. 눈 마주쳐서 인사해 주는 직원에게 나도 더 눈이 간다.

시선은 일방적인 게 아니다. 서로 상호적인 일이다. 내가 한 번 더 바라보면, 상대도 마찬가지다. 서로의 눈을 통해 마음의 빗장을 열고 들어가는 게 우선이다.

영업은 나를 파는 일이다. 나를 먼저 드러내야 한다. 내 마음의 신뢰는 입으로 설명되지 않는다. 상대와 마주치는 눈으로 충분히 전달된다.

행동하는 것과 행동하지 않는 것의 간극에서 완벽한 차이가 드러난다. 행동을 하는 일은 내가 확신을 가졌다는 일이다. 그 확신 너머에 어떤 정답이 있는지는 아무도 모른다.

그러나 내가 행동을 할 때, 어떤 확신을 가졌다면 그 너머에는 분명 내가 원하는 답이 있을 확률이 높다. 이건 확률적 도박을 하라는 얘기가 아니다. 스스로를 믿는 일에 집중해야 한다는 말이다.

말은 나를 나타낸다

탈무드에 나오는 이야기다. 왕이 두 명의 신하에게 명령을 했다. 한 명의 신하에게는 세상에서 가장 좋은 것을 구해오고, 다른 한 명의 신하에게는 세상에서 가장 나쁜 것을 찾아오게 했다. 얼마 후 두 사람이 돌아와 왕에게 상자를 바쳤다.

왕은 한 사람의 상자를 열었다. 그 안에는 사람의 혀가 나왔다. 왕은 다른 사람의 상자를 마저 열었다. 역시 그 상자 안에서도 사람의 혀가 나왔다.

이 이야기의 핵심은 사람의 혀, 곧 말이 가장 좋은 것이 될 수도 있고 반면에 가장 안 좋은 것이 될 수 있다는 뜻이다.

말이라는 무기를 쓸 땐, 이왕이면 좋은 쪽으로 사용해야 한다. 말은 곧 나를 나타내기 때문이다.

말은 나를 나타내고 미래를 나타낸다. 말은 나를 대변한다.

말은 화살 같다. 한 번 날아가면 무서운 속도로 앞으로만 나아간다. 화살을 쏜 뒤에 꽁무니를 쫓아간다 해도 화살은 순식간에 내 시야 밖으로 사라져 있다. 이미 둥근 과녁 안, 상대에 닿아 있다.

말이 어떤 결과를 가져올지에 대해서 늘 염두에 두어야 한다. 무조건 상대를 배려하라는 말이 아니다. 신중하게 말을 해야 하는 건, 온전히 나 자신을 위한 일이다. 가끔 내가 내 뱉은 화살이 나에게 돌아오는 경우도 있다. 그렇기 때문에 나에게 돌아와도 충분한 말을 먼저 생각하는 게 좋다.

나를 나타내는 말은 자격 있는 말과는 다르다. 자격 있는 말은 내가 실행할 수 있는 말을 하는 약속과 같다. 신중히 말을 해야 하는 건, 내 이미지를 위한 일이다. 이미지는 거품처럼 키워도 좋다. 굳이 모든 걸 샅샅이 드러내지 않아도 된다. 거품 속에 본질을 감춰두는 것도 능사다.

이미지를 만드는 일 중에서 가장 쉬운 방법은 말이다. 그만큼 어려운 것 또한 말이다. 쉽게 내뱉지만, 그 결과를 예측할 수 없기 때문이다.

내 이미지를 키우고 본질을 감추라는 말은 내면을 '음흉하게' 키우라는 말과는 다르다. 어차피 이중성을 갖고 있는 말은 티가 난다. 본질이 A라고 해도, 되도록 A를 포장해서 상대에게 전달하라는 말이다.

"나는 당신과 거래하지 않겠습니다."라는 직구 발언도 좋지만, 계속해서 거래를 해야 하는 상대에게 굳이 직구를 던지지 않아도 좋다. "이번 건은 어려울 것 같습니다. 다음번에 좋은 기회에 만나도록 해요. 왜냐하면…" 정도의 차이라고 이해해도 좋다.

말이 나를 나타낸다고 했을 때, 상대에 대한 예의를 갖추고 어떤 이유로 승낙이든 거절을 했다는 걸 말해줄 필요가 있다. 이럴 땐, 먼저 결과를 말한 뒤에 설명을 덧붙여야 한다. 이유를 떠들고 포장한 뒤에 결과를 내놓을 땐 변명처럼 들리기 쉽다. 이유를 덧붙이는 걸 변명처럼 생각해서는 안 된다. 상대와 나라는 '관계'에서 내 이미지를 포장하는 건 분명 필요하다.

모르는 말은 티가 난다. 연기를 해도 어차피 결국엔 탄로가 난다. 탄로 나지 않게 노력하라는 말이 아니다. 모르면 모르는 대로 행동해도 되지만, 모르는 걸 굳이 드러낼 필요는 없다. 내가 숙지하지 못했다는 걸 인정하고 집에 가서 다시 공부를 해야 한다.

연말 각종 시상식 프로그램이 진행된다. 연기상, 연예대상, 가수상 등 한 해를 돌아보며, 실력 있고 인기 있는 주인공을 뽑는다. 상을 받은 사람들의 수상소감을 들으면 그 사람이 어떤 사람인지 대강 알 수 있다.

괜히 주저리주저리 말만 많은 사람, 명확하게 소감만 말하는 사람, 어쩔 줄 몰라 하며 말도 못 잇는 사람 등 각자의 방식으로 말을 한다.

말 한마디로 신문 기사가 달라진다. 상 받고도 욕먹는 사람도 있고,

상과 함께 좋은 기사를 받는 사람도 있다. 그 성격이 아니었을지라도 순간의 말로 평가를 받게 된다.

10대 연기대상을 받은 배우가 말했다. "제가 십 대들한테 이렇게 인기가 많은지 몰랐습니다. 너무 감사합니다." 청중들이 순간 조용해졌다. 10대 연기대상은 십 대 청소년이 뽑은 상이 아니라, 인기 있는 10명의 배우에게 주는 상이기 때문이다. 자신이 받는 상이 어떤 상인지도 모르는 배우가 돼버렸다.

물론, 모를 수 있다. 세상 모든 걸 알고 있을 수는 없다. 하지만 정확하게 모를 땐 쉽게 내뱉지 않는 게 좋다.

앞으로 닥칠 상황에 대해서 예상하고 미리 알고 있어야 한다. 고객들을 만나면서 미팅을 할 때, 고객의 답변에 말하지 못할 상황은 만들지 말아야 한다.

"그렇다면 제가 금액 납부를 하다 중도인출을 하고 다시 나머지 금액을 한 번에 입금해도 되나요?"

고객이 이렇게 물어봤다고 할 때, 어렵게 생각하지 않아야 한다. 우선 다시 한 번 말로써 정리 해주는 게 필요하다.

"고객님이 10만원씩 6개월을 냈다고 가정하고, 7개월째에 돈을 전부 인출 한 뒤에 다시 가입을 하는 걸 말씀하는 건가요? 그런 뒤에 다시 7개월의 금액을 한 번에 입금해도 되냐는 말이라면, 불가능합니다. 하지만 다시 시작하시면 됩니다. 재가입은 언제든 가능합니다."

내가 이해한 말을 정리해서 풀어주고, 그 질문에 대한 답변을 해주면 되는 일이다. 내가 얼마나 명확하게 이해하고, 고객에게 도움을 주느냐에 따라서 성과가 달라진다. 약간 꼬인 질문에 어리바리 행동하면 고객은 단번에 이렇게 생각한다.

"잘 알지도 못하면서 어디서 나한테 약을 팔아?"

말을 예의 있게 하는 것만큼 중요한 건, 내가 명확하게 이해하고 답변을 할 수 있는 지식의 문제다. 이왕 내가 하는 일이라면 다양한 상황을 유추해야 한다. 특히 사람을 상대하는 일이라면 어디서든 변수가 생긴다. 변수에 알맞은 답변은 미리 예측하고 만들어 둬야 한다.

말을 통해 내가 얻을 수 있는 건 많다.

제일 크게 얻을 수 있는 건 관계의 힘이다. 내가 상대에게 예의를 갖추고, 정확한 지식을 습득하고 알려주면 남는 건 사람이다. 사람은 남길수록 이득이다. 돈보다 이득이라고 생각해야 한다. 나와 관계를 맺는 건 돈이 아니라 사람이라는 걸 기억해야 한다.

사람이 돈을 만들어 주고 자리를 만들어 준다. 돈이 사람을 만들고 자리를 만들지 않는다. 간혹 이런 사실을 간과한다. 돈이 있어야 사람이 온다고 생각하는 사람들이 있다. 절대 아니다. 이건 누구나 다 하는 얘기니 의심 없이 믿어야 한다.

말을 통해 더 얻을 수 있는 건 바로 내 이미지다. 내가 말을 어떻게 하느냐에 따라 내 이미지가 만들어 진다. 세상 좁다. 어차피 만날 사람은 다시 만나게 되어있다. 이미지가 중요한 이유다.

말은 곧 나다. 나를 적당하게 드러내고, 꾸며야 한다. 말에 대한 결과는 곧 돌아온다. 결과를 만드는 게 그 누구도 아닌 나라는 걸 명심한다면, 어떻게 행동해야 옳은 일인지 알 거라 생각한다.

인생을 걸어본 적 있는가

한 번쯤은 인생을 배팅해야 한다.

인생을 걸만한 일은 얼마든지 있다. 인생 뭐 별거 있을까. 한 번은 시도해야 결과를 얻을 수 있다. 나는 매 사업마다 인생 전부를 배팅한다는 기분이었다. 인생은 길다. 짧을 때도 있지만, 객관적 시간은 결코 짧지 않다.

개인이 몰두해야 하는 시간은 길다. 긴 시간이라면, 올인All in해서 잃는다 해도 되찾을 기회가 얼마든지 있다.

모든 일에는 때가 있다. 입학을 해야 할 때가 있고, 결혼을 해야 할 때가 있다. 때를 놓치면 안 된다.

그렇다고 있지도 않은 대한민국 표준 '시기'에 사로잡히면 안 된다.

많은 실수는 여기서 일어난다. '보통 사람들이 서른에 결혼을 하니까 나도 그쯤에 맞춰서 해야지'라는 식의 생각은 그만하면 좋겠다.

내 기준을 잡아보자. 내 인생을 걸어가는 주체는 나다. 그 누구도 대신 살아주지 않는다. 그렇다고 내가 남의 삶을 대신 살지도 않는다. 개별적인 삶에서 왜 다들 '누구처럼' 해야 한다고 하고, 표준을 잡는지 모를 일이다. 나는 나다. 이게 최선의 대답이자 해결책이다.

농사를 지었다. 아버지가 지게를 만들어준 때부터 나는 농사일이 '내 일'이라고 생각했다. 앞서 말했지만, 쉽지는 않았다. 많은 사건을 겪었고, 결국엔 도시로 나오게 됐다.

그 시간만큼은 모든 걸 걸고 했다. 농사라는 일에 여유와 낭만을 꿈꾸기도 했다. 하지만 도시로 오기 직전에는 마음이 헛헛해졌다. 모든 걸 잃은 기분이 들었다.

"나를 이끌 수 있는 멘토가 있었다면 달라지지 않았을까?" 하는 아쉬움에 후회가 밀려오기도 했다. 후회라는 건 어차피 온다. 후회라는 건 적게 만들면서 발전하는 거지 한 번에 없앨 수 있는 게 아니다.

그렇다고 후회만 남은 건 아니었다. 나는 이장 일에 모든 시간과 비용을 들이면서, 다른 곳에서 배울 수 없는 걸 배웠다. 사람들에게 주는 것에 대한 행복을 말이다. 이 말 할 때마다 사람들 표정이 별로 좋지 않다는 거 안다.

'자선가인척 하는 거야?'

나는 자선가가 아니다. 사업가다. 수익과 사업의 발전 방향에 더 많은 시간을 투자하는 사람이다. 사람들은 '주는 것'이 돈과 관련 깊다고만 결론 내린다. 내가 말하는 '주는 것'은 남들 생각처럼 돈일 수도 있지만, 그 밖의 것들이 더 많다.

생각을 나누는 모임도 돈이 드는 일은 아니다. 하지만 서로가 즐겁게 이야기를 나누는 것, 그리고 방향을 나눌 수 있다는 건 돈보다 더 값진 일이다.

상조회사를 운영할 때도 마찬가지였다. 모든 걸 걸었다는 마음이었다.

다른 상조회사 영업사원에게 우연히 상조회사 가입을 하면서 상조회사 운영을 마음먹었다. 나는 영업자의 말에 빠진 부분도 있지만, 상조를 대비한다는 것에 큰 매력을 느꼈다.

이장 일을 하면서 동네 마을에서 다양한 행사가 있었다. 대부분이 상조관련 일이었다. 그때마다 돈을 준비하는 시간이 촉박했다. 얼마나 많은 힘과 시간이 들어가는 일인지 알았기 때문에 흔쾌히 가입을 했다.

며칠 뒤 그 영업사원이 음료수를 들고 다시 찾아왔다. 꽤 많은 금액을 가입해 준 게 감사하다고, 지나가는 길에 찾아왔다고 했다. 나는 옳다구나 생각하고 직원에게 이것저것 물었다.

"어쩜 그런 상품이 있어요? 정말 괜찮은 것 같은데. 이게 사업이 되나요?"

"당연하죠. 아마 집에서 장례 한 번씩 치룬 사람은 알 거예요."

내 생각과 같았다. 나는 지사를 내기로 결정했다. 하지만 기존 지사 보호법으로 지사신청이 반려되었다. 그렇다고 이 좋은 사업을 놓칠 수 없었다.

상조회사가 독점 형식은 아니다. 그 회사만 운영할 수 있는 게 아니다. 그렇다면 내가 직접 회사를 차리면 어떨까 싶었다.

바로 회사를 차려버렸다. 이게 삼성라인이다. 정신없이, 신나게 영업만 다녔다. 오랜만에 자신 있는 아이템을 잡았다.

어느 날 통장을 열어 월급을 확인하니, 대기업 신입직원 연봉 금액이 들어와 있었다. 큰돈을 보면서 많은 생각을 했다. 당시 나는 신용불량자였다. 그전 사업실패로 인한 결과였다. 신용불량자는 돈이 있다고 없어지는 게 아니다. 한 번 그렇게 되면 소득이 많든 적든 달라지는 게 아니었다. 꼬리표는 꾸준하게 따라다녔다. 돈을 벌면서 가장 없애고 싶은 꼬리였다. 더 열심히 해야 하는 이유기도 했다.

정신없이 뛰어 다니면서 얻은 결과였다. 한 번도 올인 하지 않은 적이 없었다. 하나 아쉬운 게 있었다. 내가 낸 회사였지만, 신용불량자라는 이유로 대표이사 자리를 얻을 수 없었다. 투자자들과 같은 일을 하지만 같은 위치에 있을 수 없었다.

처음 있던 내 지분들이 점점 적어지고 있었다. 그래도 올인 한다는 생각을 버리지 않았다. 끝까지 책임을 지고 싶었다.

삼성라인을 할 때, 성공하기 전까지는 집에 들어가지 않겠다고 맹세했다. 그렇게 2년 반 동안 집에 들어가지 않았다. 마지막 사업이라고 생각했다. 간간히 들어가기는 했지만 대부분의 시간은 일에만 매달렸다. 아내는 섭섭해 하지 않았다. 내 성격을 잘 아는 사람이었다. 가족과 떨어져 지내는 시간은 한두 번이 아니었다. 늘 가족을 위한 방법이라고 생각했다.

나는 나를 믿었다. 모든 것을 걸고 나아가면 높은 문턱에서도 길이 나오리라 생각했다. 삼성라인은 꽤나 성공적이었다. 반대로 나는 점점 작아지고 있었다.

변화를 물색해야 했다. 이번엔 조금 쉽게 다른 방향을 찾을 수 있었다. 그건 앞서 말한 투어컴이었다. 다른 사람들의 관심 밖에 있는 회사였다. 나는 대표이사로 투어컴의 지분을 가져올 수 있었다. 다시 인생을 걸었고 딱 지금만큼 성장했다.

인생. 한 사람의 삶이다. 그 전부를 걸 수 있는 일은 거의 없는 것처럼 보인다. 하지만 살다보면 느낀다. 인생 별 거 없다. 다 거기서 거기의 문제들이 많다. 아껴서 똥 된다는 말이 있다. 인생 아끼는 것 또한 별 다른 거 없다. 한 번 사는 인생인데 왜 그렇게 몸 사리는가.

삶이라는 시간은 누구나에게 공평하게 돌아간다. 누가 더 나아지고 말고의 문제는 개인의 차이이다. 나는 가장 큰 차이로 올인 할 수 있느냐, 없느냐의 문제라고 생각한다.

무언가 시작을 할 때, 모든 걸 다 내어줄 수 있는지부터 생각하길 바란다.

내 최고의 무기 중 하나라고 생각하는 부분이다. 나는 무엇이든 내려놓을 자신이 있었다. 배짱 하나만큼은 어디 가서 뒤처지지 않았다. 남들의 배가 되는 배짱이지 절대 남들보다 작지 않았다. 지금까지 하던 일들도 마찬가지였다. 모든 걸 걸었다.

전부를 걸었지만 걸지 않은 것도 있다. 그건 바로 가족과 목숨이다.

내가 다시 일어설 수 있는 최소한이자 제일 중요하다고 생각하는 걸 제외했다. 누구나에게 지키고 싶은 건 있다. 그게 내 삶 전체가 아니길 바란다. 삶 전체는 지키는 게 아닌, 한 번은 걸어야 하는 것뿐이다.

그대의 길을 가라

각자에게 맞는 길이 있다.

내가 아무리 떠들고, 다른 사람이 뭐라고 말을 해도 스스로의 길은 스스로가 가장 잘 안다. 조언자를 구하는 건 어렵다. 내가 내 뜻을 밀고 나가는 일도 어렵다. 그래도 우리는 선택을 해야 한다. 주변 사람들의 좋은 조언도 귀담아 들어야 하는 건 사실이다. 하지만 선택은 무조건 자신의 몫이라는 걸 잊으면 안 된다.

처음 투어컴 회사를 운영하면서 내부에 자문위원회를 두었다. 꽤나 유명한 교수부터 강사, CEO까지 다양했다. 나는 되도록 많은 사람들에게 이야기를 듣고 싶었다. 안정적인 모양새는 분명했다. 하지만 문제는 반대 의견과 마주했을 때였다.

POM모임에서 돌아온 뒤에 후불제 여행사에 대해 깊게 고민했다.

하루 날을 잡아 생각하는 시간을 마련했다. 내 결론은 '좋다'였다. "이거 꽤 괜찮은 일이야."라고 확신했다. 나는 돌아오자마자 자문위원회 임원들과 회의를 열었다.

"후불제로 여행사를 운영할 겁니다."

순간의 정적은 POM모임과 다를 바 없었다. 다만 반대가 더 거셌다.

나와 반대라는 걸 버티는 건 힘든 일이다. 그 반대가 정답일 수 있지만, 내 의지와는 다른 일이다. 다른 사람들이 말하는 불안한 요소를 나도 안다. 하지만 그 반대의 경우를 나보다 깊게 생각한 사람은 없다.

이미 나는 결론을 냈다. 그렇다면 직진이다. 끝을 알 수 있는 사람은 아무도 없다. 열심히 한다고 해도 결론은 반대로 나기 부지기수다. 내가 목표로 한 결론만 바뀌지 않으면 된다.

내가 자문위원회에서 도움 받은 일은 충분했다. 사람들의 다양한 생각을 듣는 법 그리고 그 생각을 넘어서는 상상이 가능했다.

하지만 내 생각의 걸림돌이 되자 독처럼 느껴졌다. 피해야할 장애물이 한두 개가 아닌 마당에 내부에까지 독이 있는 건 가혹했다. 고민 끝에 자문위원회 해체를 결심했다.

자문위원회가 있는 이유를 생각한다면 사람들은 의아해 한다.

"다 도움 되라고 한 얘기인데, 해체까지?"

맞다. 다 나 잘되라고 하는 얘기다. 서로의 생각을 듣기 위해 만들었다. 남들이 보기에는 그저 반대 의견에 불만족해서 해체를 한 사람처럼 보일 수 있다. 난 반대 의견에 더 귀를 기울이는 사람이다. 그러나 여행사에서만큼은 달랐다.

오로지 내 확신 때문이었다. 나는 모든 걸 걸어서 긍정적인 결과를 가져올 수 있다고 확신했다. 내 확신을 가로막는 건 도움 되지 않았다.

물론 나는 실패했을 가능성도 충분히 생각했다. 나중에 자문위원회 사람들을 다 찾아가 사과해야 할 일이 생겼을 수도 있다. 사람일은 한 치 앞도 모른다. 사업 초반기에도 실패할 거라는 예측은 늘 꼬리처럼 달고 있었다.

그럼에도 불구하고 견딜 수 있었던 건 나를 믿었기 때문이다. 모든 결정은 내가 했다. 결론은 나로 인해 생겨난다고만 생각했다.

살다보면 결론 내려야 하는 일이 생긴다. 결론 내리는 건 어렵다. 그러나 어렵게 내야 그 결론을 따라 갈 수 있다.

나는 결론을 내리기 전에 우선 하는 행동이 있다. 그 결과로 얻게 될 최상의 결과와 최악의 결과를 노트에 적는 일이다. 노트를 펼쳐 왼쪽에는 최상의 결과를 나열하고 오른쪽에는 최악의 상황을 나열한다.

어차피 상상으로 하는 일이다. 최상과 최악의 상황이 절대적으로 일어나는 건 아니다.

그리고 그 숫자를 헤아려 본다. 왼쪽에 적은 게 더 많은지 오른쪽에 적은 게 더 많은지 말이다. 그중에서 각 베스트를 뽑아서 빨간색 펜으로 동그라미를 친다.

투어컴을 할 때 최고의 상황은 전국 지점까지 확대되는 일이었고, 최악의 상황은 다시 여관방을 전전해야 하는 일이었다.

당연히 전국지점 확대라는 말에는 가슴이 뛸 정도로 벅찼다. 여관방으로 되돌아가는 일은 생각만으로도 끔찍했다. 그런데 왜 그랬을까? 나는 그 끔찍하게 좁고 더러운 방을 상상하면서 별 거 아니라는 생각을 했다.

이미 한 번 겪은 일이다. 처음처럼 당황하지 않을 자신이 있었다. 최악이라고 생각한 그 순간을 통해서 지금이라는 시간까지 오게 됐으니 말이다. 모든 시간을 지나고 나면 알게 된다. 다 약이 된다는 걸 말이다.

각자의 길만큼 중요한 건, 각자의 아이디어다.

나는 타인을 믿는 사람이다. 하지만 더 믿어야 할 사람은 바로 나라는 걸 잊지 않는다. 누군가에게 책임을 따져 묻는 건 같은 위치나 소속일 때 가능하다. 타인은 타인일 뿐이다. 내 선택을 책임져 주지 않는다.

삼성라인에서 대기업 신입 연봉을 월급으로 받은 적 있다고 언급한 구절이 있다. 그때도 내 선택을 믿어서 생긴 행운이었다. 상조회사라는 걸 처음 알았고, 그저 속으로 "이거다!" 싶었다.

사람들은 고개를 갸우뚱했다. 과연 그게 돈이 되냐고 얘기했다. 영업이라는 일은 어차피 한만큼 버는 일이다. 사실 한만큼 못 받는 경우도 더러 있다. 가시적으로 계약 성사가 이루어져야 돈이 되는 일이다.

"그럼 계약서를 많이 받으면 되지 뭐." 싶었다. 그때도 다른 사람 이야기는 듣지 않았다. 내 뜻대로 시작하고 나만의 아이디어를 창출했다.

나만의 의견을 드러내라는 것과 같은 얘기로 나만의 아이디어를 만들라고 말한다.

상조회사에서 큰 수확을 얻은 아이디어 하나를 얘기하면 이렇다.

영업을 하면서 이리저리 부르는 곳 안 부르는 곳 따지지 않고 뛰어가는 건 기본이다. 이건 아이디어가 아니다. 나는 뛰어다니는 시간 속에서 생각을 했다.

"어떤 말을 해야 하지?"

"어떻게 해야 다른 사람까지 가입을 할 수 있지?"

늘 더 넓게 생각하기 위해 짧은 시간도 놓치지 않았다.

상조는 죽은 가족을 더 편하게 보내주는 일을 해준다. 죽은 분들에 대한 예우를 가장 잘 드러낼 수 있는 건 무엇일까? 며칠 동안 이 고민만 했다. 장례식장에는 고인을 추억하기 위한 사람들이 온다. 그렇다면? 나는 무릎을 쳤다.

추모영상 제작을 떠올렸다.

고인의 살아생전 사진을 엮어 동영상으로 제작했다. 길 필요도 없었다. 7분 정도 분량 으로도 충분했다. 장례식장에 빔프로젝터를 가져가 연속으로 재생했다. 고인의 지인에게 부탁해 짧은 편지를 받았다. 고인에게 보내는 편지 내용을 영상에 넣었다.

그리고 장례식장에서 쓰는 종이컵과 나무젓가락 등 제작할 수 있는 것에는 고인의 소속기관이나 기업체 인쇄를 했다. 물론 상조회사 이름도 같이 넣어 홍보 효과를 함께 노렸다.

영상제작은 생각보다 빠르게 가능했지만 기업체 인쇄 같은 경우는 시간이 들었다. 그래서 또 발을 움직였다. 기업체나 관공서에 가서 이런 서비스가 있으니 미리 가입하라고 말했다. 단체로 가입을 하면, 미리 일회용품 제작을 할 수 있기 때문이었다.

결과는? 예상대로였다. 기업체나 관공서에서의 단체가입은 엄청났다. 그리고 장례식장에서 동영상을 본 뒤에 감동을 받고 가입하는 일도 생겼다. 내 고객이 늘어날수록 내 자신감도 늘어났다.

고객들이 만족하는 후기를 영업 방법으로 이용했다. 좋은 소식은 함께 나누면 시너지가 생긴다. 계약 고객들은 다른 고객들을 소개시켜 줬다. 입소문이 간 곳으로 내가 직접 가기도 했다. 계약은 폭발적이었다.

이때 남들 연봉을 월급으로 받았다. 죽을 만큼의 고생이 아닌 뇌가 터질 만큼의 상상을 했다. 행동을 하면서도 중요한 건 남들과 다른 아이디어다. 더 좋은 결과를 가져오는 건 남이 하지 않은 일이다.

타인은 나에게 중요하다. 타인의 생각까지 중요하다. 하지만 타인보다 중요한 건 나다. 이 생각은 잃으면 안 된다. 나만의 길과 아이디어를 만드는 건 그 어떤 일보다 중요하다.

나는 늘 말한다.

그대의 길을 가라. 다른 사람의 말은 신경 쓰지 말고.

마음 이상으로 돕기

'마음으로나마 돕는다'

카네기클럽에서 만난 이다진 선생님으로부터 배운 말이다. 마음으로 돕는다는 말은 놀라운 위로를 남긴다. 지인 중에는 내 말을 무조건 들어주고 따라주는 사람이 있다. 힘들고 지칠 때마다 위안을 받을 수 있는 안전지대 같은 존재 말이다. 나에겐 이 말을 전해준 이다진 선생님이 그런 존재다.

이다진 선생님은 내가 어려울 때마다 말 한 마디 더 건네주었다. 이런 분을 만난 게 삶에 있어서 가장 큰 행운이라고 생각할 만큼 넘치는 위로를 받았다.

이 말만큼 위안되는 말 없다. 그러나 '마음 이상으로 도와준다'는 말도 중요하다.

내 주머니를 탁탁 털어서 먼지만 나왔을 때도 사람들을 도왔다. 마음이라도 쓴다는 게 어디냐 싶었다. 앞서 말했다시피 나 또한 어려운 날이 많았던 사람이다. 나에게만 집중하기 바쁜 와중에도 사람들을 꼬박꼬박 챙겼다. 사람이 더 큰 재산이라고 생각했기 때문이다.

여유라는 걸 찾을 정도가 되니 마음 이상으로 챙기는 게 더 당연한 게 아닐까 싶었다.

뿌린 마음은 그만큼 아니, 그 이상으로 돌려받았다. 그러지 않고서는 지금처럼 만족스러운 일이 생기지 않으리라 생각한다.

돈은 투자하면 할수록 불안할 정도로 어디로 튈지 몰랐다. 불안만 쌓여갔다. 불안한 돈보다 사람이 재산이라고 생각하고 늘렸다. 사람이 재산처럼 늘어나자, 돈도 잘 모였다. 돈이라는 건 부수적인 재산이다. 내 큰 재산을 위해서 부수적인 재산을 쓰는 일에 겁을 내면 안 된다.

강조하지만 돈이라는 건 있다가도 없고, 없다가도 있다. 반대로 사람은 한번 잃으면 영영 잃는 것과 마찬가지다.

사람이 중요하고 재산의 밑천이라면 내 사람에게는 아무것도 아까워해서는 안 된다. 하지만 사람들은 아는 걸 쉽게 잊는다. 사람인지라 아까운 마음이 드러나기도 한다. 아까워하는 마음은 드러나면 안 된다. 그럼 상대도 나를 똑같이 생각하게 되고 서로의 관계는 끊어지기 쉬워진다.

마음 이상으로 도우라는 건 큰돈을 빌려주라는 말이 아니다. 마음 이상의 다른 걸 더해주라는 얘기이다. 금액으로 따졌을 때 크든 작든,

이건 중요하지 않다.

여행가이드로 외국을 나갔을 때 일이다. 단체 여행이었고 분위기는 별반 다르지 않았다. 단체 여행의 특징은 다 같이 해외를 올 정도로 친한 사이다. 평소 가족처럼 보일 정도로 사이가 좋다가도 한 번 어긋나면 등 돌린 부부사이처럼 싸운다. 그날 팀은 사이가 꽤나 좋았다. 웃음이 끊이지 않았다.

그러다 한 여행자가 휴대전화기를 잃어 버렸다. 잃어버린 당사자 마음이 좋을 리 없었다. 여행 분위기는 순식간에 가라앉았다. 여행가이드인 내 기분도 똑같이 가라앉을 수밖에 없었다.

좋은 곳을 가서도 사람들은 기분 안 좋아진 여행자 눈치만 봤다.

'아니, 그깟 휴대전화기가 뭐라고?'

불현듯 이 생각이 들었다. 나는 여행자에게 말했다.

"제 여행길에서 잃어버린 거니 제가 휴대전화기를 사드릴게요."

"네? 아닙니다. 아니에요."

여행자는 한사코 거절을 했다. 나는 기어이 그 사람에게 한국에 가서 휴대전화를 사주겠다고 약속했다. 분위기 전환을 위한 거짓말은 아니었다. 안 받겠다던 여행자 얼굴이 밝아졌다. 말이라도 해주고 생각해준 게 고마워서인 것 같았다. 여행 분위기는 다시 되돌아왔다.

나는 한국으로 돌아와 여행자에게 전화를 걸었다.

"안녕하세요. 이번 여행에 함께 했던 박배균입니다. 휴대전화기는 고르셨어요?"

"아! 안녕하세요. 이렇게 바로 전화주실 줄 몰랐네요. 그런데 어쩌죠?"

"네?"

"제가 보험에 가입되어 있었어요. 보험 처리로 새 휴대전화기를 바로 받았습니다."

"진짜 다행이네요."

"대표님이 마음 써 주셔서 감사드리죠."

결과적으로 마음만 썼을 뿐이다. 하지만 사람의 마음, 내 배려의 마음에 대해 상대는 더 깊게 받아들인 게 분명하다. 그날 여행 분위기가 금세 나아진 것만으로도 나는 만족한다. 이 고객은 다음번에도 우리 여행사를 통해 여행을 다녀왔다.

마음을 써서 이렇게 나에게 돌아오는 일이 있다. 하지만 무조건 바로 돌아오지는 않는다. '잿밥'에 관심을 두고 마음 쓰고, 지갑을 열려고 해서는 안 된다. 되돌아온다는 마음은 언젠가 올 가능성이 높다는 얘기다. 무조건 당장 돌아오는 게 아니다.

가끔 주변에서 돈 빌려달라는 사람이 있다. 이해한다. 나도 그런 적 있다. 그 돈의 쓰임새가 어떻게 될지 따져 묻지는 않는다. 나는 내가 그 사람에게 돈을 빌려주는 게 아니라 줄 수 있는 돈을 준다. 되돌아온다면 다행이고, 안 돌아온다 해도 어쩔 수 없다고 생각한다.

상대의 연봉을 고려하고 부동산을 가늠해서 빌려주는 일만큼 골치

아픈 일은 없다. 그런 거 염두에 두어야 하는 상대라면, 내가 빌려줄 마음이 없는 사람이다. 마음도 없는 일에는 신경조차 쓰지 않는 게 우선이다.

우선적인 일이 있듯 우선적인 사람이 있다. 수많은 사람들 다양한 종류의 사람이 있다. 사람들이 모두 나에게 똑같이 대하지 않듯이 나도 모든 사람에게 공평하게 대해야 하거나, 모든 걸 오픈할 필요는 없다.

한 가지 명확한 진실은 소중한 사람에게는 더없이 대해줘야 한다는 것이다.

삼성라인 운영시기, 차용금이 많았을 때 날 도와준 사람도 있고, 괴롭힌 사람도 있었다. 나를 믿고 안 믿은 사람들이 있었다. 그러면서 깨달은 게 있었다. 돈 믿지 말고 사람을 믿자. 확신 있게 믿는 사람은 끝까지 믿자.

내가 깨달은 일은 무조건 나부터 시작해야 한다. 상대에게 기대하고 닦달하지 않고 나부터 시작하면, 내 마음과 같은 사람들이 나에게 모여든다.

5부

"떨리면 떨리는 대로"

떨리는 일도 피하지 마라

누구나 떨리는 일은 있다. 나는 처음 사업을 하면서 떨린다는 생각을 자주 했다. 과연 잘 될까 문제라기보다는 처음 하는 일에 대한 설렘에 가까웠다.

설렘이라는 말은 허공에서 맴돌기 일쑤다. 좋은 말 같으면서도 내 주변에서 두루뭉술하게 떠다니기만 한다. 설레는 일을 하고 나면 알게 된다. 행복이라는 건 멀리 있지 않다는 걸 말이다.

내가 가장 떨린 일은 독서클럽 발표를 하면서다. 떨리면 떨리는 대로 해야 한다는 말을 처음 들었을 땐, 뭔 소리인지 몰랐다. '그저 시키니까', '내가 해야 하는 일이니까'라는 마음으로 했을 뿐이었다. 그러다 곧 시낭송에 빠지고 떨리는 일이 설렘과 함께 온다는 걸 알게 됐다.

내가 늘 '내 최고의 무기'라고 생각하는 것 중 하나는 창의적인 기획력이다. 사람들은 상상에 가까울 정도라고 말한다. 상상한다는 일은 쉽다. 그러나 상상을 현실로 만드는 일은 어렵다.

창의적인 일이라는 건 상상에 가깝고, 기획력이라는 건 실현에 목표를 둔다. 기획이 지탱만 된다면 무조건 앞만 보는 추진력으로 달려야 한다.

어차피 모든 일의 처음은 모험이다. 상상만으로 끝나는 경우도 많다. 하지만 나는 상상을 멈추지 않는다. 실현하는 내 모습을 함께 상상하기 때문이다.

이일저일 참 많이도 생각했다. 무조건 하지는 않았다. 남들에게 도움을 받은 적도 있다. 상상하는 일만으로도 첫사랑을 만난 것처럼 가슴이 떨렸다. 가끔 내 허무맹랑한 상상에 내가 망할까 걱정하는 사람들이 있다.

나도 사업가 안목은 충분히 갖고 있다고 자부한다. 무엇이 옳은지 그른지는 안다. 세상일이 옳은지 그른지로 해결된다면 좋을 텐데… 절대 아니다. 자세한 계획을 세워도 어그러지기 일쑤고, 상관없는 일들이 끼어들기도 한다.

하지만 낭떠러지 앞이라 해도 어두운 벽만 있다고 해도 피해서만은 안 된다.

"떨리면 떨리는 대로"

눈앞에 어떤 사고나 계획하지 않은 일이 생긴다 해도 도망가면 안 된다. 떨려도 떨리는 대로 그 일을 마주해야 이길 수 있다.

나는 사람들 앞에 나서는 걸 좋아하면서도, 무척이나 긴장한다. 하지만 즐기는 일이다. 즐기기까지 시간이 꽤나 걸렸던 건 사실이다. 한 번 피하면 시간이 편안하게 흘러간다. 예전에는 굳이 마주할 필요가 없다고 생각했다.

하지만 마주하지 않고 등을 돌리는 순간 다시 출발점에 서 있게 된다. 출발선에서 다시 앞을 향해 달려도, 같은 상황이 오면 다시 등을 돌리기만 할 테고, 끊임없이 출발선만 만들 것이다. 그렇게 피하기에 삶은 짧다. 어차피 똑같다. 무엇이든 한 번은 마주해봐야 알게 된다.

나는 자주 실패했고 반대로 자주 성공도 했다. 실패든 성공이든 늘 떨렸다.

떨리는 일 앞에서는 나만의 핵심 키워드를 찾아 둬야 한다. 내가 생각하는 핵심 키워드는 여섯 가지다.

창의, 실행, 도전, 배려, 설득, 인간관계

내가 흔들릴 때마다 나를 잡아줄 '무언가'가 있어야 한다. 구체적으로 정한다면 더 좋다. 나는 때에 따라 핵심 키워드에서 세부사항을 찾아냈다.

창의라는 건 새로운 일을 기획할 때부터 끌어왔다. 그리고 귀에 딱지 앉도록 내가 강조한 실행은 도전과 함께 묶어 생각했다. 실행한다는 건 도전에 가깝다.

배려는 중요한 덕목 중 하나다. 아무리 좋은 일이라 해도 남에게 피해가 가지 않는 선에서 이루어져야 한다.

설득은 내가 영업자로써 가장 큰 근본이라고 생각하는 부분이다. 적절한 이유와 정확한 이유로 상대를 설득해야 한다. 성공의 효과는 여기에서 나온다.

인간관계는 일을 포함한 모든 생활에서 중요하다. 나는 만인의 연인으로 즐긴다고 생각하고 폭넓은 대인관계를 유지하고 있다.

만약 내가 다시 달려야 하고, 떨려야 한다하면 이 여섯 개의 키워드로 도전할 생각이다. 내 생각은 틀림없었다. 이미 확인한 모범답안처럼 느껴질 정도다.

힘이 되는 습관

사람의 기억은 무섭다. 단 한 번의 잘못과 실수를 기억하는 사람이 있고, 내가 지우고 싶은 일들을 기억하는 사람도 있다. 나도 어떤 공간이든, 사람이든 관련된 기억을 먼저 떠올린다.

내 몸이 기억하는 습관도 마찬가지다. 생각의 흐름 없이 몸은 행동부터 한다. 평소에 하던 행동은 쉽게 바뀌지 않는다. 내가 의식하기도 전에 몸이 먼저 알고 있기 때문이다.

몸에 습관을 들일 땐 주의해야 한다. 가령 다리를 떠는 버릇이 남에게는 안 좋게 보일 수 있다. 하지만 본인은 자신이 다리를 떨고 있다는 것도 인지하지 못한다. 다리는 자연스럽게 이전과 똑같이 행동부터 한다.

습관을 만들 때는 '누구나 좋다'고 생각하는 걸 찾아야 한다. 다리 떠는 습관은 누구나 고치라고 하는 습관이다. '누구나'의 기준은 '최대한 많은 사람'이 생각하는 부분이다. 각자 기준에 따라 생각하는 건 다르다. 그래도 습관은 다수의 의견에 기대는 게 좋다.

몸이라는 건 습관에 따라 움직인다. 이왕 움직이는 일이라면 습관을 제대로 들여야 한다.

내 습관 중에 내세울 만한 건 일찍 일어나는 습관이다. 이 습관이 나를 만들었다고 할 정도다. 누구에게나 권유한다.

일찍 일어나는 새는 먹이만 잡는 게 아니다. 신뢰를 얻고, 건강도 얻는다. 하나의 좋은 습관에서 백 가지 이득이 나온다.

성공한 사람 중에 "나는 늦게 일어나서 성공했다."라고 말하는 사람 아직까지 한 번도 보지 못했다. 그들은 늘 자신 있게 말한다. 새벽을 열었던 자신들의 발걸음을 말이다.

물론 아침이 힘든 사람은 있다. 건강적인 문제로 힘든 게 아니라면 누구나 습관을 들이면 좋다. 만약 이 습관으로 일을 망쳤다면 내게 찾아와 따져 물어도 좋다.

물론 나도 아침에 일어나는 거 힘들어 한 사람이다. 일찍이 습관을 들인 덕에 지금은 자동으로 눈이 떠진다. 마을 이장을 할 때, 어르신들 아침에 맞춰 일어나야 했다. 나는 한밤중인데 어르신들은 새벽 일찍 일어나자마자 나를 찾는다.

나를 필요로 한 곳, 필요로 한 시간에 내가 있어야 한다는 건 당연한 일이다. 이른 시각이든, 늦은 시각이든 따지려면 내 자리를 놓아야 한다. 내가 그 자리에 머무르고 싶다면 명심해야 한다.

내 몸이 기억하는 습관만 중요한 것은 아니다. 생각의 습관도 중요하다.

나는 늘 궁금증이 많았다. 어떤 이야기에 대해서 늘 "왜?"라는 질문이 튀어 나왔다. 이 습관은 결론적으로 남을 귀찮게 하는 일이고, 나에게는 백배 도움이 되는 일이었다.

왜라는 질문에서 끝나지 않았다. 이유를 듣고 난 뒤에는 늘 반대로 생각했다. 뭔 청개구리 심보인지 모르겠다고 스스로도 생각했다. 그렇다고 남 말에 늘 반기를 드는 사람은 아니었다. 그냥 덧붙여서 생각을 확장했다.

"왜?"라는 질문은 늘 갖고 있어야 한다. 어떤 무엇에도 끊임없이 질문해야 한다.

나는 영업을 할 때나, 어디 가서 강연을 할 때마다 할 말을 정리한 후 "왜?"라는 질문을 적었다. 그리고 그 답변까지 이어서 적었다. 답변이 안 나오는 말은 과감하게 삭제했다. 이유도 모르는 말을 던지는 건 무책임해 보였다.

누군가가 왜라고 질문을 던졌을 때 대답을 해 줄 수 있는 말이 진짜다. 왜라는 이유를 더할 수 없는 말은 가짜다.

가령 "지금 일을 안 하고, 생각하는 시간만으로도 미래를 그려낼 수 있습니다."라고 말했다고 하자. 얼마나 달콤한 말인가? 나는 생각의 시간을 적절하게 소비한 사람으로서 한 말이다. 하지만 이 말에는 어폐가 있다. 누군가가 "왜죠?"라고 무자비한 질문을 했을 때를 생각해보자.

그렇다면 나는 확고한 내 시간 관리. 즉, 생각하는 시간에 어느 정도 비중을 뒀는지도 세세하게 말해줘야 한다. 세세한 답변이 준비되어 있지 않았다면 양치기 소년이 된다.

영업을 할 때도 간략하지만 이목을 끌만한, 때에 따라서는 달콤한 말들이 필요하다. 하지만 더 중요한 건 내세우는 말의 뒷받침이다.

반대로 생각하는 것 또한 늘 마음속에 품어야 한다.

'반대'라는 말의 중심으로 들어가야 한다. 그저 상반된 의견으로 남 말에 꼬리 다는 습관을 가지라는 게 아니다. 재해석을 해야 한다는 말이다.

신발을 만드는 공장에서 발전되지 않은 나라에 두 명의 직원을 보냈다. 같은 곳을 보고 돌아왔지만, 두 직원은 상반된 말을 했다.

한 사람이 말했다.

"그 곳은 아직 신발을 팔 곳이 못 됩니다. 아직도 맨발로 거리를 도보하고 다니더군요."

다른 한 사람이 말했다.

"신발을 팔면 아주 좋을 것 같습니다. 다들 아직 신발을 구입하지 않았더군요."

결과는? 나도 모른다. 다만, 같은 걸 보고도 생각은 다르다는 걸 말하려고 하는 것이다. 누구의 생각이 옳을지는 아무도 모른다. 아니 어쩌면 옳다는 말이 잘못된 말이다. 같은 생각의 이면을 펼쳐보는 게 가장 중요한 일이다.

나 또한 처음 후불제 여행사를 기획했을 때 모든 사람들이 말렸다. 나는 왜라는 생각을 먼저 하고, 다음에는 상대방의 말에서 반대를 찾았다. 이 일의 결론은? 물론 성공한 편에 속한다. 내 생각이 정답이 아닐 경우의 수도 충분히 있었다.

그러나 생각의 정면만 쫓아가는 것보다 이면을 쫓는 삶은 달라진다. 내가 그래왔으니 하는 말이다.

성패와 상관없이 주변 사람들과 '다른 생각'으로 길을 걷는 것만으로도 매력적인 일이다.

좋은 일에 대해서는 바로바로 말하고 행동해야 한다.

몸의 습관과 행동의 습관을 더하는 일도 중요하다. 몸에 좋은 습관을 들이고 생각과 행동까지 한다면 시너지 효과가 난다.

습관에 대한 행동이라고 한정지을 수는 없다. 하지만 행동하지 않은 일에 대해서는 기대를 가지면 안 된다. 내가 행동까지 해야 비로소 결과를 얻을 수 있다. 내가 처음부터 강조했던 것 중 하나다.

실패를 두려워한다면 자연스럽게 행동까지 무뎌지게 된다. 나도 실패를 했을 때 그랬다. 그래도 꾸준히 행동을 했던 이유는 실패도 하나의 열쇠가 되기 때문이다. 실패를 안 한 사람은 모르는 실패한 사람들만의 노하우가 있다.

내가 서울에서 인터넷 관련 사업을 하면서 인터넷 성장 속도의 속도를 직접 체험하게 됐다.

모든 일에 속도가 붙을 때 덤비는 것보다 효과적인 건 성장 속도를 먼저 읽는 것이다. 그리고 앞에서 기다려야 한다. 내 등 뒤에서 다가오는 거대한 시장을 말이다.

무엇이든 생각을 한 뒤에는 행동해야 한다. 그리고 몸에 자연스럽게 배도록 습관을 들여야 한다.

이렇게 했을 때, 백 퍼센트 성공을 한다면 이 세상에 성공 못 할 사람은 없다. 내가 확실하게 말할 수 있는 건 성공여부가 아니다. 다만 그렇게 한 사람과 안 한 사람의 차이는 분명하게 드러나고 만다는 것이다.

첫 떨림

첫 떨림이라고 하면, 아마 대부분 첫사랑을 떠올릴지 모른다. 나에게도 봄 같은 첫사랑은 있었다. 기억만으로도 가슴 넉넉해지는 날이 아직도 존재한다.

고등학교 때 일이다. 그땐 펜팔이라는 게 있었다. 잡지책 뒷면에 서로의 주소와 이름만 적어 두고는 편지를 주고받는 식이었다. 내 정보를 싣기도 하고, 있는 정보에 내가 먼저 편지를 보낼 수도 있었다.

내가 고등학교 1학년 때 중학교 2학년 아이에게 편지를 보낸 적이 있었다. 그 여학생은 제법 똑똑한 아이었다. 시와 노래를 좋아하던 보통의 여자 학생이었다. 이현영. 나는 아직도 이 이름이 기억에서 떠나지 않는다. 하루하루 지루한 일과는 편지를 읽고 쓰는 일로 바뀌기 시작했다.

그렇게 편지가 오고 가다 몇 개월 만에 편지가 뚝 끊겼다. 그러다 현영이 어머니에게 편지가 왔다.

"아, 난 죽었구나."싶었다. 보통 어른들이 생각하기에 남녀학생의 펜팔은 교제처럼 나쁘게 비치곤 했을 때였다. 하지만 내용은 정반대였다. 현영이가 어떤 사정으로 펜팔을 못 보낸다는 이유였다. 곧 일이 정리되면 현영이가 연락을 할 테니, 그때도 펜팔을 이어나가라는 내용이었다.

의아했지만 다행이었다. 그렇게 우리는 2년 가까이 편지를 주고받았다. 간혹 어머니의 편지가 오기도 했다. 우리 편지가 끊어질 것 같을 때마다 어머니가 연결을 해주었다. 덕분에 현영이가 고등학교 1학년으로 올라가는 때 우리 집에 놀러 올 기회가 생겼다.

'전주역 앞에서 빨간 셔츠를 입고 기다릴게'

그렇게 우리는 처음으로 만났다. 현영이 존재를 아는 동네 친구들과 왁자지껄하게 몰려갔다. 여럿이서 시간을 보냈다. 둘이 있고 싶은 마음이 컸지만 어려웠다.

3박 4일의 시간 중 유일하게 둘이 잠깐 있던 시간이 있었다. 엄마가 집에 가서 밥을 먹으라고 집에서 친구들을 내쫓았다. 그 잠깐, 오로지 단 둘의 목소리만 있던 그때가 얼마나 행복했는지 모른다.

매일 냇가에 가서 친구들과 시끄럽게 놀았다. 그리고 현영이가 돌아가야 하는 시간이 왔다. 현영이가 탄 기차가 사라지고 처음으로 마음이 아프다는 걸 느꼈다. 가슴앓이는 3개월 동안 이어졌고, 그 시기에 현영이의 마지막 편지가 날아 왔다.

'저에겐 633일이 남았습니다. 형과의 만남도 중요하지만, 제 인생에 대학진학이라는 길도 중요합니다. 용서한다면 그 후에 다시 만났으면 좋겠습니다…….'

꽤나 짧은 편지였다. 청천벽력 같은 소식에 내 마음도 굳어졌다. 나로서는 선택이 없었다. 마침 시골에 머물기로 진로가 정해져 있었다. 나중에 현영이 어머니에게 편지가 왔지만, 나는 답장하지 않았다. 그땐 왜 그렇게 뒤 한 번 안 돌아봤는지 모른다.

시간은 어김없이 흘렀다. 나는 군대를 갔고 제대를 앞두고 있었다. 인연의 끈이라는 게 정말 있는 걸까? 새로 들어온 신병 중에 현영이의 친구가 있었다.

제대 후 우리는 만났다. 두 번째 만남이었다.

겨울, 강릉 바다였다. 푸른 바다가 점점 까맣게 번질 때까지 그동안의 시간을 얘기했다. 현영이는 학업을 포기하고 미국에 2년 동안 머물렀다고 한다. 우리를 엮어주던 어머니와 다른 가족의 이야기를 들었다.

현영에게는 좋았던 일보다 좋지 않은 일들이 더 많았다. 나는 오래오래 현영의 말에 귀를 기울였다. 우리 시간은 늘 아쉬웠다. 다시 헤어져야 할 시간이 돌아왔다.

집으로 돌아오는 기차 안에서 또 결심할 수밖에 없었다. 나는 여전히 시골에 묶인 몸이나 다름없었다. 시작한 일에서 발을 뺄 수 없었다.

어렵게 닿은 인연의 끈을 놓은 건 나였다. 3년 동안 헤어져 있자고 먼저 말해버렸다. 그 이후로 현영이를 만나거나 소식을 들은 적이 없다.

참 오랜 시간이 흐른 지금도 생생하게 기억난다. 작은 기억의 조각들처럼 깨져있는 것들은 조금만 방심해도 쉽게 떠올려지고는 했다.

추억의 힘은 대단하다. 현영과 두 번 만난 게 전부였다. 단 한 장의 사진도 남아 있지 않다. 하지만 기억으로 선명하게 남아 있다.

첫사랑 이야기는 여행가이드 할 때마다 사람들에게 들려준다. 지금 아이들은 상상도 못할 일이다. 설렘과 떨림에 대한 이야기에서 첫사랑만큼 강한 건 없다.

사람들은 저마다의 추억을 안고 설렘을 기억하고 산다. 여행은 아마 누군가에게 첫 설렘을 가져다줄 지도 모른다.

나는 지금까지 글을 늘려오면서도 강하게 부딪치라는 말만 늘려 두었다. 세상의 경쟁구도는 만만하지 않다. 그건 내가 일러주기 전부터 이미 모두 알고 있다. 그러나 설렘은 다르다. 많은 사람들이 놓치기 쉬운 일이다.

첫 떨림이라는 말과 멀어지면 멀어질수록 우리의 마음은 어두워진다. 꽤 오랫동안 취미로 가진 시낭송은 첫 떨림을 기억하는 씨앗이 되었다. 내가 늘 취미를 가지라는 것과 첫사랑의 기억을 얘기하는 이유다.

처음이라는 말과 멀어지지 않길 바라본다. 그 떨림 안에서 소중한 기억 하나쯤은 안고 있어야 한다. 그게 삶을 이끄는 원동력이 될 때가 오기도 한다.

"명랑한 제트기 콘서트" 기획

나는 아이가 하고 싶은 건 다 해주고 싶다. 이건 어느 부모라도 마찬가지 생각일 거다. 아이의 취미는 노래와 춤이다. 나는 아이를 지지하는 아빠로서, 한 사람의 팬으로서 응원한다.

사업을 확장하고 성공의 길을 올라타면서 늘 마음 한 쪽이 먹먹해지곤 했다. 아빠로서 아이를 잘 키우고 있을까? 하는 막연한 마음이 들었기 때문이다.

아이들은 하루가 다르게 큰다. 예능 프로그램에서 한 아빠가 눈물을 흘리며 말했다. "아이가 이렇게 크는 걸 다 저장하지 못하는 게 아쉬워요. 시간이 너무 빠른 것 같아요." 나도 마찬가지다. 아이의 성장이 빨라질수록 아쉬움이 커진다.

아이가 어렸을 때, 나는 자주 넘어졌다. 다시 일어서야 했다.

일에만 매달려 있는 시간이 길었다. 아이가 자라는 하루하루를 전부 볼 수 없었다. 일 때문에 지방에 가 있을 때도 많았다. 그때는 떨어져 있는 시간이 아이 미래에 좋은 일이라고 생각했다. 이제와 생각하면, 더 바라보고 안아주는 게 가장 좋은 선물이 아니었을까 하는 마음이 든다. 그런 마음 때문인지 딸아이를 떠올리면 곧잘 뭉클해진다. 나는 아이에게 좋은 걸 사주고 좋은 음식을 먹이는 것보다 더 좋은 건 무엇일까 고민했다.

명제는 자기의 뜻대로 국제영재고등학교에 들어갔다. 다행인건 아직 어리다. 선물을 줄 수 있는 충분한 시간이 남아있다. 나는 내가 가장 잘 하는 일을 아이에게 알려주고 싶었다. 돈으로는 살 수 없는 마음의 에너지와 스스로 인생을 즐기며 살아가는 방법을…….

인생은 즐겁게 사는 게 최고다. 이건 누구나 바라는 삶이다. 내가 아이에게 알려줄 건 이 하나다.

영어 · 수학과외 대신 인성교육과외를 시켰다. 아이가 바르게 자라는 게 가장 큰 교육이라고 생각했다. 인성교육과외라고 했을 때, 다들 처음 듣는 표정을 짓곤 한다. 나는 부모만큼 가까운 바른 선생님 한 명이 아이 곁에 있다면 충분하다고 생각했다. 부모 외의 다른 어른과 함께 길을 걷는 것만으로도 충분한 교육이라고 믿었다.

우선 바르게 자라나야, 즐거움이라는 확실치 않은 글자에 한 발 더 다가가게 된다.

즐거움. 꽤나 불확실한 단어다. 개인적으로 기준을 다르게 잡다보니 어떤 게 즐거움인지 명확하지 않기 때문이다. 즐거움에 기준은 없다. 스스로가 즐겁다고 느끼는 것 하나로도 충분하다.

아이는 언제부터인가 텔레비전에 나오는 노래를 따라 불렀다. 알려주는 사람 하나 없는데 춤까지 따라 추었다. 내 눈에는 신기하기만 했다. 그리고 알았다. 아이가 지금 즐겁다고 느끼는 건 바로 '저것'이라는 걸 말이다.

우리 집은 다른 집과는 다른 유쾌함이 있다. 서로의 이름으로 삼행시를 만들어 주면서 짧은 편지를 보내는 경우도 있다. 딸 아이 이름은 명제다. 명랑한 제트기. 나는 명제가 더 활발하고 즐겁게 자라날 수 있도록 이름을 이렇게 부르곤 했다.

아이는 예민하다는 사춘기도 별 탈 없이 지났다. 내가 바라던 명랑한 아이로 말이다. 아이는 나에게 박력과 배려가 균형 잡힌 아빠라고 부른다. 그렇게 봐준다는 점에서는 한없이 고맙다.

간혹 부모와 사이가 안 좋은 아이가 있다. 소통의 문제다. 나는 아이와의 소통에서 부족하지 않다. 이건 확실하다. 아이가 어렸을 때 많이 돌보지 못한 탓에 계속해서 관심을 준다. 가끔 관심을 구속으로 이해하는 부모가 있다. 구속과 관심은 다르다. 행동 하나하나를 알고 있는 것, 염두 하는 건 관심이지만 그 행동을 하나하나 부모 뜻대로 고치려고 하는 건 구속이다.

구속하는 사람은 연인이든 부모든 선생이든 상사든 전부 별로다. 관심이라는 단어로 먼저 상대를 배려하는 게 옳다.

사랑한다는 말은 아낄 필요가 없다. 그게 가족이라면 더더욱 아끼면 안 된다. 처음 사랑한다는 말을 할 때는 쑥스럽다고 느낄지 모른다. 하지만 사랑한다는 말을 하다보면 그 전부터 말하지 못했던 게 가장 큰 아쉬움으로 남게 된다.

아이는 곧잘 고맙고 사랑한다는 말을 자주한다. 혹시 용돈 타려고? 전혀 아니다. 돈 욕심도 별로 없는 아이다. 부모에게만큼은 솔직하게, 약간의 닭살스러운 말도 스스럼없이 던진다.

나도 물론 쑥스럽다는 생각을 했을 때가 있다. 아낀 적도 많다. 그 시간으로 되돌아간다면, 아낌없이 할 텐데 하고 후회하기도 한다.

나는 후회라는 단어를 많이 떠올리는 사람이 아니지만 아이문제에서 만큼은 예외다.

아이는 커갈수록 하고 싶은 일들이 많아지고 있었다. 아이가 초등학교 6학년 때였다. 아이의 인성 코칭 전문가 이숙현 선생님이 아이에게 나중에 하고 싶은 일을 그림으로 그리라고 했다. 아이는 고민 없이 그림을 그려나갔다고 한다. 무대 위에 여자 아이가 서 있고, 앞에는 수많은 관객들이 무대 위를 바라보고 있었다.

처음 아이 그림을 봤을 때 내가 느낀 감정은 구체적인 꿈을 그리는 아이에게 도움을 줄 수 있는 부모가 되어야겠다는 거였다. 그 생각을 지운 적이 없었다. 단 시기를 잘 선택해야 했다. 아이들의 꿈은 종종 바뀌기도 하고, 아이의 생각이 아닌 부모의 뜻으로 시도하는 건 결코 도움 되지 않을 거라 생각했다.

“나랑 시낭송 나갈래?”

“그래.”

아이는 무대에 나서는 걸 두려워하지 않았다. 나와 달랐다. 교내 팝송대회에서 상을 타고 올 정도로 무대에 나가는 걸 즐기는 눈치였다.

드디어 때가 왔다는 생각이 들었다. 곧 아이의 생일이었다. 전에도 난 명제 생일마다 학교에 찾아가 이벤트를 열어 주었다. 아이에게 좋은 선물을 주는 것보다는 추억을 남겨주고 싶었기 때문이다. 늘 다른 이벤트를 했지만, 그중 빠뜨리지 않은 건 칭기즈칸 시낭송이었다. 나는 명제가 칭기즈칸처럼 커주길 바랐고, 훗날 자기 추억 속에서 아빠 생각을 할 기억의 매개체가 이 시였으면 좋다고 늘 바라왔다. 이번 이벤트는 함께 하고 싶었다.

“명제! 우리 재미있는 일 하나 할까?”

“뭔데?”

“명랑한 제트기 콘서트! 어때?”

아이 눈이 커졌을 때까지만 해도 역시 내가 설레발을 친 게 아닐까 불안했다. 반대였다. 아이는 기뻐했다.

"진짜? 내가 무대에서 춤추고 노래 부르는 거야?"

시기가 적절했다. 이런 좋은 일에 아내를 제외하면 안 된다. 가족 행사는 누구 하나만의 행사가 아니다. 같이 해야 한다. 아내도 즐거워하기는 마찬가지였다. 각자 역할부터 나눴다.

"명제는 콘서트 준비 열심히 하고, 나는 초대장을 만들고 사람들을 초대할게. 당신은 사회를 보면 어떨까?"

적절한 배치였다. 우리의 임무는 최선을 다 하는 일만 남았다.

나는 투어컴 광고모델로 있는 오정해 씨에게 전화를 걸었다. 오정해 씨는 재차 물었다.

"딸이요? 그러니까 딸아이 콘서트 게스트로 초대하시는 거죠?"

보통 사람들이 납득하기 어려운 이야기이다. 나는 남들의 이해를 바라지 않았다. 그저 우리가 즐기는 일에 다른 사람도 함께이길 바랄 뿐이었다. 아는 지인들부터 친척들까지 다양한 사람들에게 초대장을 뿌렸다. 아이의 모습을 보여주고 싶었다.

공연은 대만족이었다. 아이의 생일을 뜻 깊게 보낼 수 있었다. 아이는 아직도 말한다.

"아빠가 정말 최고야!"

딸아이의 칭찬을 들을 때마다 내가 아이에게 전해주려는 걸 제대로 전해주고 있구나 싶다. 그러면서 마음 깊은 곳에서는 딸아이가 아닌 다른 모든 사람에도 칭찬을 받고 싶다는 생각을 한다. 역시 사람은 욕심과 뗄 수 없는 존재다.

공연이 끝난 후, 이숙현 선생님은 아이가 어릴 적 그린 그림을 다시 보여주었다. 무대 위에 서있는 여자아이, 그 앞에 수많은 관중이 있는 그림. 잊고 있던 그림을 다시 들여다봤다. 아이가 하고 싶은 일을 이룰 수 있도록 힘을 보탠 게 가장 기뻤다.

새로운 일을 시작하는 게 무조건 사업은 아니길 바란다. 내 주변은 가족도 있고, 친구도 있다. 모든 일을 사업에 집중할 때가 있고 다른 누군가에게 집중할 시간도 필요하다. 그래도 가장 큰 집중은 가족이란 걸 잊으면 안 된다.

늘 시작처럼

시작이라는 말은 얼마나 달콤한 말인가.

시작은 늘 가슴 뛰는 일이라고 생각했다. 시작할 때만큼은 그 반면에 숨어있는 결과가 중요하지 않았다. 처음부터 끝을 예견하는 것보다는 처음이라는 말에 집중했다.

투어컴㈜이 처음부터 잘 된 사업은 아니었다. 오늘이 시작이라는 마음이 없었다면 과연 이 결과가 있었을까 싶다.

"초심을 잃지 마세요."

이 말 자주 들은 기억이 있다면, 주목하는 게 맞다. 강조하는 말치고 중요하지 않은 말 없다는 거 이제는 다 안다. 다만 몸이 기억하지 못하는 것뿐이다.

나는 아직도 오랜만에 만난 친구들에게 묻는다.

"너 언제 여행 갈 계획이냐?"

내 꾸준한 이 질문에 "또 그 소리냐?"라고 할 때도 됐지만, 친구들은 고민하기 시작한다. 여행이라는 건 한 번으로 끝내는 게 아니기 때문이다. 내 얼굴만 봐도 바로 여행을 떠올리고 계획을 묻게 만들어야 성공이다.

사업 초기에는 대학교 평생교육원에 등록한 적도 있다. 물론 배우려는 열정이 앞섰지만 홍보 수단이었다. 새로운 걸 배우며, 사람을 사귀고, 여행도 홍보하는 일석이조 방법이었다.

사람들은 사업 홍보 때문에 그런 데까지 가야하냐고 말렸다. 더 멀리 날고 싶다면, '그런 데'가 아니라 '그런 데 할아버지'까지도 갈 수 있어야 한다. 다들 안 하는 척 하지만, 사업을 위한 작은 모임 두어 개 정도 가입해있다. 모두 하는 일이고 불법도 아니다.

이 방법이 영업 상식이라는 거 다 안다. 민망해서 안 할 뿐이다.

'낯짝 뜨겁게 뭐…'

'그렇게 해서 될 거면 진작 했지.'

낯짝 두꺼워야 직원들 월급 줄 수 있다. 해서 되는지 안 되는지는 시도하면 안다. 안 되는 일도 되게 해야 하고, 정 안된다면 그 이후에 안 하면 되는 일이다. 저렇게 말하는 사람들은 짐작하는 말도 아니다. 그저 하기 싫다는 말일 뿐이다.

그래도 무조건 해야 한다. 쉽지 않다는 건 나도 잘 안다. 나도 처음엔 말 한 마디 제대로 못했다. 지인 모임 가서 회사 홍보하는 일도 낯

뜨거운 일인데, 일부러 가입해서 회사 홍보라니. 나도 상상도 못 한 일이었다.

하지만 절실하면 무엇이든 하게 된다. 불법만 아니면 된다. 조금 민망하고 약간의 잔소리를 들어도 그때뿐이다. 상대방 기억에 우리 회사의 이름은 더 길게 기억될 테니 말이다.

요즘 부쩍 즐겁다. 새로운 사업 확장과 더불어 다양한 사업 계획으로 말이다.

근래 필리핀에 법인사업을 설립했다. 마닐라 어학연수를 하던 중에 생각해낸 일이었다. 시스템은 똑같다. 여행 금액을 매월 납부한 뒤에 여행을 다녀오는 것. 그리고 추가 금액은 돌아와서 갚는 형식이었다.

사람들은 이번에도 코웃음을 쳤다.

"네? 필리핀이 아직 개발도상국인데… 그 나라에서 여행 사업이라뇨."

우리나라가 발전된 건 얼마 안 된 일이다. 여행 사업이 발전하고 해외여행 인구가 증가한 일은 더 얼마 안 된 일이다. 나는 필리핀 현재에 투자하는 게 아니다. 필리핀 미래에 투자했다.

필리핀은 빈부격차가 크다. 잘 사는 사람도 충분히 많은 나라다. 우선 그들을 타겟 고객으로 두고 점점 확장하는 게 목표다. 후불제 여행은 적립제이기 때문에 초기 부담이 적다. 초기 부담은 적지만, 서서히 쌓이는 돈을 여행으로 활용한다는 건 우리나라든 필리핀이든 충분히 가능하다고 본다. 올해 계획은 5개국에 현지 법인을 세우는 일이다.

어차피 세계화다. 어디든 여행객이 늘어난다고 확신하고 있다.

사업 확장이라는 일 앞에서 객관적인 통찰력이 필요하다. 간혹 내 눈에는 보이지 않을 때도 있다. 그건 이미 놓친 일이다. 어차피 내 일이 아니었다고 믿어야 한다. 하지만 내 눈에 보일 때는 과감하게 움직여야 한다.

처음 투어컴㈜에 올인 하려고 했을 때, 말린 사람들이 많았다. 주변의 대부분이 말도 안 된다고 했다. 2년 동안은 불신이 팽배했다. 단, 나는 불신하지 않았다.

자고 일어났더니 벼락부자가 된 것처럼 일이 잘 된 건 아니었다. 나는 회사를 '시나브로'라고 말하기도 했다. 말 그대로다. 모르는 사이에 조금씩 조금씩. 회사가 이 자리까지 올라왔다.

나는 아직 가보지 않은 길이 충분히 많다고 믿고 있다. 하루에도 몇 번씩 노트에 메모를 한다. 여행사에 집중된 일이 아니다.

요즘은 다시 시작하는 일에 미소가 번진다. 하려고 하는 일들이 모두 잘 될 것만 같은 기분에 빠진다. 반대가 될 수도 있지만, 그게 무서웠다면 덤비려고 시도도 안 했을 것이다.

어쩌면 여행과는 반대의 일이다. 크게 확장해서 말하자면, 투어컴 그룹을 만들려고 하고 있다. 세세한 부분은 말보다 더 빠르게, 시작으로 보여줄 예정이다.

나는 모든 가능성을 믿고 있다. 잘 되거나 안 되거나 하는 모든 변수에도 마음을 쓴다. 그래도 내 마음은 늘 시작이라는 길에서 콧노래가 나온다. 또 된다는 믿음과 함께 투어컴 그룹이 하루빨리 모두의 눈에 드러나길 바란다.

6부

"덜어내는 일에서 시너지 효과를 얻는다"

거름으로 나무가 자란다

나는 맨몸으로 시작했고, 맨몸으로 돌아간 적도 많았다.

앞으로도 맨몸으로 돌아갈 수 있을 거라는 상상은 충분히 해왔다.

사업을 하면서 늘 한 자리에 머물러 있기는 어렵다. 좋아지는 경우도 있지만, 나빠지는 경우의 수도 늘 생각해야 한다. 그러다보면 맨몸으로 돌아간다는 말이 단 하나의 정답으로 느껴진다.

나는 작은 시골 마을 막내아들로 태어났다. 나이 차이가 꽤나는 누나들이 나를 업고 키웠다. 시골은 도시보다 넉넉하지 않은 게 사실이다. 그래도 우리 가족 행복은 넉넉했다.

아버지의 쾌활한 성격이 화목한 이유였다. 나는 아버지의 성격을 꽤나 닮았다. 나중에는 닮으려고 노력을 했다. 화목한 이유에 가족의 역할이 중요하다는 걸 어릴 때부터 봐왔기 때문이다.

형은 공부를 잘했다. 나는 형과 반대였다. 가족 아무도 형과 나를 비교하지는 않았다. 나는 성적표가 나오면 혼날까봐 산에서 나무를 주워오곤 했다. 나중에는 그게 습관이 돼, 매일매일 산에서 나무를 해왔다.

중학교 2학년 때였다. 아버지가 지게를 만들고 있었다.

"지게 새로 만드시는 거예요?"

"아니, 네 거다."

어린 나에게 아버지의 지게는 많이 버거웠다. 아버지는 내 전용 지게를 만들어 주신 거였다. 그때 내 기분은? 나는 펄쩍 뛰면서 좋아했다. 남들이 들으면 의아해 할지도 모른다.

'그 어린 나이부터 나무를 해오라고, 시골에만 눌러 앉으라고 지게를 만들어 줬는데 기뻤다고?'

난 아버지가 만들어준 지게가 소중했다. 아버지의 선물이었고, 믿는다는 의미로 받아 들였다. 어떤 상황에서도 내가 긍정적으로 생각하는 건 타고난 셈이었다. 그리고 아버지의 뜻을 따라 마을에 남아 농사를 지었다.

시골 마을에서 이장을 할 때 겪은 이야기다. 뒷집 아저씨는 외로운 나날을 보내고 계셨다. 삶을 포기했다 싶을 정도로 술과 담배에만 의지했다. 마을 사람들은 다들 그러려니 했지만 나는 달랐다. 늘 조마조마한 마음이었다.

어느 날 밤이었다. 누군가 대문을 두드렸다.

"뒷집 이 씨 봤어? 갑자기 사라졌어!"

누가 심장을 조종하듯이 빠르게 뛰기 시작했다. 온 마을 사람들이 마을을 샅샅이 뒤졌지만 아저씨는 없었다. 순간 마을 위쪽에 있는 포강이 떠올랐다. 전속력으로 포강을 향해 뛰어 갔다. 캄캄한 어둠 속에서 아무 것도 보이지 않았다.

등골이 서늘해졌다.

"아저씨! 아저씨!"

몇 번을 불렀지만 아무 인기척도 없었다. 주변을 더듬어 긴 나무를 주웠다. 물가로 향했다. 발목까지 물에 잠기게 들어가, 나무 막대기를 사방으로 휘둘렀다. 아무것도 걸리는 건 없었다. 그래도 난 멈추지 않았다. 그렇게 한참 나무 막대 하나로 주변을 살폈을 때였다.

'턱'

무언가 걸렸다.

나는 떨리는 팔을 한데 모아 나무에 걸린 '무언가'를 천천히 뭍으로 끌어 올렸다. 시체였다.

"여기예요! 여기! 아저씨 발견했어요."

마을 사람들이 오는 그 짧은 시간 속에서 나는 희미하게 보이는 아저씨의 시체를 마주했다. 사람이 이렇게 쉽게 죽을 수 있다니… 마음 속으로 아저씨의 죽음을 예측한 게 무서워졌다. 마치 내 예측이 아저씨를 포장으로 이끈 것 같았다.

마을 사람들과 장례식을 치러야 했다. 나는 묵묵하게 상주 자리를 지켰다. 마을 이장으로서 해야 하는 일이었다.

아무 것도 없다는 것에 대해서 처음으로 생각한 날이었다. 그리고 겁이라는 게 사라진 날이기도 했으며, 책임감에 대해서 다시 생각을 한 날이었다.

사람은 태어나서 수많은 일을 겪게 된다. 단단해지게 되는 계기는 어디서든 찾을 수 있다.

내가 남들보다 더 많은 것을 보고 겪었다고 단언할 수 없다. 하지만 단언할 수 있는 한 가지는 다양한 경험을 그대로 놓치지 않고 그 안에서 생각을 키웠다는 거다. 생각을 키운다는 건 나를 키우는 것과 마찬가지다.

어차피 우리는 다시 맨몸으로 돌아가기 마련이다. 처음 가졌던 지게도 날이 지나자 내 몸에 맞지 않았다. 그리고 점점 낡아졌다. 나는 지게를 잃었지만, 아무 것도 없다고 생각하지는 않았다.

새로운 지게는 생기기 마련이다. 지게를 메던 등이 자라났고, 나무를 해오던 시골길 배경을 기억하고, 그 길에서 키우던 생각들이 여전히 남아 있다.

〈자화상〉

서정주

애비는 종이었다. 밤이 깊어도 오지 않았다.
파뿌리 같이 늙은 할머니와 대추꽃이 한 주 서 있을 뿐이었다.
어매는 달을 두고 풋살구가 꼭 하나만 먹고 싶다 하였으나……
흙으로 바람 벽한 호롱불 밑에
손톱이 까만 애미의 아들
갑오년이라든가 바다에 나가서는 돌아오지 않는다 하는
외할아버지의 숱 많은 머리털과 그 크다란 눈이 나는 닮았다 한다.

스물세 해 동안 나를 키운 건 팔 할이 바람이다.
세상은 가도 가도 부끄럽기만 하더라.
어떤 이는 내 눈에서 죄인을 읽고 가고
어떤 이는 내 입에서 천치를 읽고 가나
나는 아무 것도 뉘우치진 않을란다.

찬란히 틔워오는 어느 아침에도
이마 위에 얹힌 시詩의 이슬에는
몇 방울의 피가 언제나 섞여 있어
볕이거나 그늘이거나 혓바닥 늘어뜨린
병든 수캐마냥 헐떡거리며 나는 왔다.

서정주 시인의 〈자화상〉이라는 시다. 이 시를 통해서 나를 읽었다. 누군가의 판단이 내려지기 전에 '나'라는 주체적인 생각이 더 중요하다.

나를 키운 건 팔 할의 바람이다. 그 어떤 바람도 결국엔 내가 자라온 거름이 되어 있다. 모든 일과 생활에서 나를 키우는 거름을 만들어야 하는 이유다.

내리막길에서

내리막길은 꾸준했다.

곧 오르막이 보일 것도 같았지만 길은 여전히 내리막뿐이었다. 뻗어 내려간 길에 발을 내디딜 수밖에 없었다. 뒤돌아 봐도 마찬가지였다. 위에서 내려온 길이었지만 지나온 길은 금세 사라지고 없었다. 다시 돌아가 봤자 낭떠러지와 다를 바 없었다.

랭킹서버 사업에서 실패했을 때였다. 나의 모든 부동산은 경매로 넘어갔고, 남아 있는 거라곤 두 손과 두 발 뿐이었다. 절망이라는 말을 자주 되뇌었다. 며칠 멍하게 집 안에 틀어 박혀 있기도 했다.

남들과 같은 생각을 했다. "왜 나한테 이런 일이 생겼지?" 불만이 안 터져 나올 리 없었다. 그러다가도 다시 마음을 다스리곤 했다.

남아있는 게 고작 몸뿐이라는 사실을 마주하기까지 오래 생각할 필요는 없었다. 실패나 좌절이라는 말로 머뭇거리기엔 시간이 부족했다. 속으로 생각했다.

'어차피 처음에도 이 몸 하나만 믿고 나간 일이었다.'

다시라는 말이 두렵기도 했다. 나도 사람이다. 두려운 일이라는 건 있었다. 조금씩 생각을 바꿔나가기 시작했다. 원래가 무無였다는 것. 이 하나에만 집중했다.

내가 처음부터 잘했던 것을 잡아야 했다.

새로움과 영업에 집중하자는 생각만 하고, 집 밖으로 나왔다. 사업 아이템으로 쓸 만한 걸 찾기 시작했다. 전주에서 시작해 경상도, 경기도, 서울, 강원도까지 샅샅이 뒤졌다. 많이 돌아다니면서 다양한 걸 접했다. 그중 가장 눈이 가는 게 있었다.

강원도에서였다. 규소라는 성분은 정화작용이 뛰어나다. 가끔 그 성분을 통해 토지를 개선시키기도 한다는 소리를 들었다. 내가 집중한 건 농사가 아니었다.

정화작용? 이미 농사에서 쓴 부분이라면 늦은 거나 다름없다. 나는 '처음'을 하고 싶었다. 아무도 안 하는 일. 적어도 내가 한 번도 들어보지 못했던 일을 생각했다.

눈앞에서 쌩하고 달리는 자동차들이 보였다.

"그래, 저거야!"

자동차는 비싸다. 오래 사용하는 기계다. 그만큼 많이 돌봐야 한다.

냉각수는 엔진의 열을 낮추는 액체로 물과 섞어서 자동차에 넣는다. 그 섞이는 물이 보통의 물이 아니라면 어떨까? 바로 규소처럼 정화역할까지 있다면 상품 가치로 충분하지 않을까?

내 머릿속에서 충분한 구상과 결론이 나왔다. 나는 그 자리에서 살 수 있을 만큼 사들였다.

시장에서 마구잡이로 파는 느낌은 없어야 했다. 성분 표시와 광고 문구를 넣은 스티커를 제작했다. 앉아서 일일이 병마다 붙였다. 스티커 본드 때문인지 손끝이 갈라졌다. 손톱에 새까맣게 먼지가 달라붙었다. 방바닥은 이미 작업을 끝낸 병들로 가득했다. 하루가 그렇게 빨리 지나간 게 얼마만인지 몰랐다.

내가 정한 시장은 명확했다. 자동차 수리점이었다. 제품을 몽땅 들고 길을 나섰다. 한 지역에 자리를 잡고 무조건 한 달 이상을 지냈다. 여인숙에 한 달 치 방값을 내고 숙식을 해결했다. 끼니는 대부분 라면으로 때웠다.

골목 구석구석 숨어있는 카센터에 제품을 보여주고 설명을 했다. 다들 보따리 사기꾼쯤으로 보는 것 같았다.

"내가 지금 저 앞 여인숙에서 한 달 방 잡고 있으니까, 문제 생기면 바로 와요."

우선 나를 명확하게 알리는 게 우선이었다. 사람들은 새로운 사람을 반가워하기보다는 의심 먼저 앞세운다. 그걸 나무랄 수 없으니 믿음을 주는 방법밖에 없었다. 다들 반쯤 속는 셈 치고 몇 개 사들였다.

그렇게 2년을 돌아다녔다. 이 사업의 끝은? 그야말로 대박이었다. 나는 빚이 점점 줄어드는 기쁨으로 2년이라는 시간을 보냈다.

카센터와 안면을 트고 나서는 한 지역에 한 달 머무를 시간도 없었다. 지역을 자주 돌면서 상품을 판매했다. 그리고 움직임을 최소화하기 위해서 카센터에 판매권을 팔기 시작했다. 내가 여러 곳을 다닐 필요가 없었다. 내 사업장이 아닌 곳에 판매처를 만들 정도로 규소냉각수의 인기는 대단했다.

지방 돌아다니면서 좁고 더러운 여관방에 누울 때마다 불평 한 마디 내뱉지 못했다. 모든 일의 결과는 내가 만들었기 때문이다. 불평은 늘 마음 안으로 삼켰다. 몸은 당연히 피곤했다. 일을 끝내고 여관방으로 돌아와 씻고 눕는 게 큰일이었을 정도다.

이불을 턱 끝까지 끌어 올려 네모나게 펼쳐진 천장 위를 바라보고는 했다. 눈을 깜빡거리면서 천장 모서리마다 목표를 그렸다. 가족들과 함께 웃고 있을 나, 다시 회사 사무실에서 사업을 구상하고 있을 나, 모든 꿈의 목표인 여유를 즐기는 나까지. 꿈은 줄어들지 않았다. 천장을 다 덮을 정도로 늘어나고 있었다.

꿈을 꾼다는 것만으로도 절반의 성공을 한 거나 다름없다.

단 구체적인 꿈일 때 그렇다. 꿈이 구체적이면 노력도 구체적이다. 이건 자연스럽게 따라갈 수밖에 없다.

집을 사고 싶다는 꿈이 있다고 가정해보자. 잘 살고 싶다거나, 즐겁게 살고 싶다는 것보다는 구체적인 꿈임에는 틀림없다. 그러나 한 발 더 나아가서 구입 시기를 잡는다면, 계획은 알아서 뒤따라온다.

10년 뒤라고 꿈을 그려보자. 그렇다면 일 년에 최소한 얼마를 모아야 한다 정도의 계획을 잡을 수밖에 없다. 세부적인 부분이 있어야 내가 행동하는 힘이 된다. 일 년은 다시 열두 달로 쪼개지고, 한 달이라는 시간에 맞춰 계획이 만들어진다.

내가 천장에 그린 꿈들은 구체적인 것과는 멀었다. 하지만 잠에서 깨어나 세수를 하면서, 옷을 입으면서 그날 하루하루의 계획을 상세하게 짰다.

'오늘은 A를 먼저 가서 오늘 물량 2/3를 납품하고, B에 가서 저번 달 납품 대금을 받아서 빚을 갚아야겠다.'

나처럼 하루하루 짜는 일이 성급해 보일 수 있다. 난 당시 빚이 있었던 때였다. 모든 목표가 빚을 없애는 쪽이었다. 그 빚이 사라져야 밤마다 천장에 그렸던 꿈에 다가갈 수 있었다.

각자의 꿈은 다르고, 방법은 여러 가지다. 꿈조차도 남의 꼬리를 따라가려고 하면 안 된다.

내리막길은 누구에게나 갑작스럽게 찾아온다. 그 길을 피하려고 아등바등 발버둥 친다 해도 올 길이라면 마주해야한다. 절망이라는 건 양면의 얼굴을 갖고 있다. 절망을 찢고 그 뒷면을 살펴보면 사실 아무

것도 아니다.

"당신은 그걸 견뎌냈으니까 쉽게 얘기할 수 있는 거 아닌가요?"

만약 이런 질문을 던진다면, 나는 당당하다. 말 그대로 나는 견딘 사람이기 때문이다. 내가 내리막길을 반대로 만들 수 있었던 이유는 별거 없다. 나는 보통 사람과 똑같다. 신이 택한 사람도 아니고, 처음부터 단단한 길에서 시작한 사람도 아니다.

누구나 견딜 수 있는 걸, 견딘 것뿐이다. 누구나 할 수 있다. 다만 지금은 각자의 마음속에 감춰두고 있을 뿐이다. 중요한 순간 마음을 뒤지면 무엇이든 발판으로 삼을 만한 게 나온다.

아무 것도 없을 때, 시너지는 남아있다

시너지 효과는 있는 것에서 더 더해질 때 나는 효과라고 한다. 하지만 시너지는 없을 때 나오는 게 더 효과적이다.

내 주변에 부족한 게 없을 때도 있었다. 있는 사업을 합쳤을 때, 시너지 효과는 분명했다. 그러나 곰곰이 생각해보면 아무 것도 없을 때. 그때가 가장 큰 시너지 효과를 낼 수 있는 기회였다.

내가 맨발로 전국을 돌아다닐 때. 아무 것도 없다는 것에 대한 두려움이 컸다. 몇 주, 몇 달 돌아다니다 보니 그 두려움은 힘이 되었다. 더 이상 잃을 것이 없었다. 반대로 내가 잘하는 일을 더 키울 수 있는 기회였다.

개인마다 자신 있는 특기가 있기 마련이다. 내 특기는 영업이다.

사람들을 만나고 관계를 쌓아가는 일을 워낙 좋아했다.

사업은 서로에게 필요한 수요와 공급을 채워주는 일이다. 그리고 영업은 적당한 상품과 금액을 제시하는 다리와도 같은 역할을 한다. 영업의 가장 큰 매력은 중간에서 서로 입장을 조율하는 역할이다.

나는 영업이라는 다리역할로 인해 사업의 시작과 성패가 달려있다고 생각한다.

관계를 잘 확장하고 이을 수 있는 사람이 사회에서 살아남는다. 기술의 발전은 이미 우리의 상상을 추월하고 말았다. 그렇다면 사람만이 할 수 있는 기술은 바로 관계다.

아무 것도 없다고 생각했던 무기력한 순간 내가 내 특기를 다시 깨달을 수 있던 건, 우습게도 아무것도 없기 때문이었다.

삶은 늘 아이러니 하다. 이 무無에서 시너지가 나올 수 있다는 것만 봐도 알 수 있다.

나는 생각을 거침없이 하고, 말로 뱉는다. 그리고 직원들에게 지시한다. 앞뒤 가리지 않는 때가 종종 있다. 이 이유는 투어컴㈜의 재산이 내 것이 아니라고 생각하기 때문이다. 이 모든 돈은 고객과 회사 직원들의 돈이지 내 개인 소유물이 아니다. 그러려면 내가 더 움직이고, 직원들을 움직이게 만들어야 한다.

"내 몫은 없다."라고 생각하면 쉽다. 더하고 더하려고만 하면 힘들어 진다. 그래도 사업이라는 건 이해타산을 안고 가야 한다. 이 두 개의 중심을 제대로 잡으려면, 이해타산을 할 때 내 몫이 아닌 회사 전체의 이익으로 생각해야 한다.

이해타산의 최종 목표는 '나'가 아닌 '전체'로 생각해야 하는 일이다. 즉, 공유하는 것이다. 내 덕이라는 자화자찬의 화살표를 바깥으로 뻗어 모두의 덕으로 돌려야 한다. 어차피 죽어서 다 가져가지 못할 재산이다.

내가 매일 입버릇처럼 말하는 게 있다. 회사의 재산은 내 것이 아니니 내가 은퇴하면 회사의 몫으로 두라고 말이다. 사람들은 그 말을 '설마?' 하고 넘겨버린다.

나는 세상 모든 것이 제행무상諸行無常이라고 생각한다. 즉 영원한 것은 없다는 말이다. 과거의 내 실패가 영원하지 않았듯, 지금의 내 행복, 성공, 재산 또한 영원하지 않다. 모든 것은 윤회한다. 내가 짊어지고 가야하는 건 결코 재산이 아니다.

이렇게 책에도 공표를 해 두었으니, 이제는 '빼도 박도 못 한다'는 게 바로 약속이 아닐까 싶다.

유한양행 故유일한 회장의 일화는 모두들 알 것이다. 유일환은 미국에서 사업을 성공한 뒤 한국으로 돌아와 서민들 삶에 유용한 약품을 개발했다. 회사는 승승장구했다. 주식회사로 전환하면서 직원들에게 주식을 나눴다. 그리고 유한양행은 단 한 번도 편법으로 세금을 낸 적이 없었다. 당시 세금 검사를 하던 사람들이 입을 모아 말했다고 한다.

"탁탁 털어도 먼지 한 톨 안 나오는 기업이다."

그의 생각은 하나였다. 자신의 이익은 직원과 국가에 돌아가는 게 맞는다는 생각이었다.

그리고 죽음을 앞두고 쓴 유언장에서도 그는 대부분의 재산을 사회와 회사에 환원했다. 유한양행 경영진들은 故유일한 회장의 뜻을 이어받아 깨끗한 회사 운영을 하고 있다고 한다.

이 말들과 행동은 백번 들어도 옳은 일이다. 옳은 일이라는 걸 떠나서 당연히 그래야 한다. 하지만 지금 기업의 행태는 이 반대에 가깝다. 당연한 행동이 미담으로 받아들여질 정도다.

故유일한 회장의 이런 유언은 본인의 것을 덜어내는 행동이다. 알다시피 유한양행은 아직까지 탄탄하게 운영되고 있다.

덜어내는 시너지를 제대로 보여준 사례 중 하나다.

사업가들이 가장 많이 한 후원은 장학금이다. 나도 지역 청소년에게 장학금 지원을 매달 진행하고 있다. 장학금뿐만 아니라 책이나 여행 등 다양한 방법으로 기부를 확장했다.

주변에서 추천해준 학생들 중 몇 명에게 장학금을 전달했다. 그 아이들 중 몇 명은 우리나라에서 명문이라 불리는 대학에 진학하게 됐다.

있는 것에서 나누는 것. 내가 가진 돈 일부로 아이들의 전부일 수도 있는 등록금을 내주는 건 어려운 일이 아니다. 서울대학교와 포스텍대학교에 들어 간 아이들에게서 수시로 문자가 온다. 늘 같은 메시지 내용이다. 감사하고, 도울 일이 생기면 불러 달라고 말이다.

이 말을 애써 모른 척 하고 지냈다. 굳이 아이들에게 대가를 바라고 한 일 같을까봐 조심스러웠다. 그러다 나도 늘 도움 받은 일을 가슴에 품어 두고 그대로 돌려줬던 일이 생각났다. 선의라는 것은 주고받았을 때, 더 많은 사람들에게 전파된다. 학생들 마음 한편에 빚이라고 생각할지도 모를 일이었다.

한 한생에게 전화를 걸었다.

"이번 주 시간 되나요?"

아이는 고민 하나 없이 대답했다.

"당연하죠!"

난 학생에게 문학기행에 와서 다른 아이들에게 좋은 말을 해주면 좋겠다고 했다. 아이는 먼 길을 가야함에도 불구하고 단번에 알겠다고 했다. 본인이 받은 것을 타인에게 돌려주고 싶어 하는 욕구를 느낄 수 있었다.

내가 나눌 수 있는 걸 나누는 일은 기쁨이다. 특정한 누군가만 할 수 있는 일이 아니다. 학생에게 제안을 한 것처럼 기회를 준다면 모두 할 수 있는 일이다.

그리고 연락을 꾸준히 나눈 학생들은 나를 통해 마닐라 어학연수에 가 있다. 도움이라는 건 일회성에서 끝나면 안 된다.

독서클럽 지인 중 『천상 아줌마 제대로 바람났다』 저자 한미숙 씨의 글을 보고 놀랐다. 요즘 세상에 4남매를 키운다는 건 나라에서 표창을 줘도 부족할 정도다. 그만큼 힘들다. 게다가 아이 둘은 전통 예술을 전공한다. 예술전공에 들어가는 학비는 일반 학비와 다르다. 힘든 와중에 책까지 낸 한미숙 씨가 대단하다고 생각했다.

아이들은 엄마의 고생을 아는 건지, 엄마의 출판기념회나 독서클럽회원 행사에 참여해 공연을 한다. 그 아이들이 왜 그렇게 예뻐 보였는지 모른다.

나는 가끔 그때 기분에 취한 행동을 하기도 한다. 아이들 마음이 예쁘다고 생각한 그 날이었다.

“제가 아이들에게 장학금을 드려도 될까요?”

벌떡 일어나 큰소리로 외쳤다. 모든 사람들이 놀란 눈치였다. 그리고 이내 손뼉을 쳤다. 좋은 일은 바로바로 진행해도 된다. 생각 깊어봤자 시간만 끄는 일이다.

아이들은 환하게 웃었다. 장학금을 주는 날에도 연신 고맙다며 열심히 하겠다고 말했다.

진정한 행복은 나눔에서 온다. 내 꿈을 하나 더 말한다면, 투어컴 장학재단을 설립하는 것이다. 나누면 서로의 힘이 강해지고, 시너지 효과가 커진다. 아등바등하며 살아도 봤지만, 그렇다고 무조건 성공한다는 확신도 없다. 내가 더 나눠주고 내 자신의 욕심을 비울 때, 시너지 효과가 있다.

7부

"봄은 온다"

하고 싶은 일만 할 수는 없다

이윤보다 사람을 남긴다.
직원이 경영한다.
고객을 친구로 만든다.

현재 내가 대표이사로 있는 투어컴의 사훈이다.

그저 그런 사훈이라고 말한다면 어쩔 수 없다. 하지만 나는 이 사훈을 지키기 위해 애써왔다. 그건 확실하다. 사훈은 약속이다. 나는 약속했고, 약속을 지켰으며, 앞으로도 지킬 예정이다.

항상 지킬 수 있는 말만 하려 노력했다. 한 마디의 말이 사람을 드러내고, 성격을 드러내고, 현재 위치를 드러내고 나아가서는 미래를 드러내기 때문이다.

글을 마무리하는 지금 한 마디, 한 마디를 글로 쓴다는 게 힘들었다. 할 수 있는 말과 해야 하는 말을 선택해야 했다. 내가 늘 하는 말이 있다. '자격 있는 말만 해라'

이 말은 내가 누군가에게 어떤 말을 할 때 '그 말을 할 수 있는 위치에 있는 사람인가?'라는 질문에서 시작했다. 위치는 일반적인 사회적 계급을 말하지 않는다. 과연 나도 할 수 있는, 지킬 수 있는 말을 남에게 하는가의 문제다. 그러니 말의 선택이 어려울 수밖에 없었다.

상대에게 말을 하고 싶으면 우선 자격을 갖춰야 한다.

자격이라는 건 어렵다. 누구의 기준이냐 문제가 될 수도 있다. 스스로의 기준을 만드는 게 중요하다.

그리고 자격 있는 말을 해야 한다고 생각하는 것과 똑같이 여기는 게 하나 더 있다.

해야만 하는 일이 있다.

하고 싶은 일만 하고 살 수는 없다. 우리는 이미 알고 있다. 현실이 막막하고 어려워도 버텨야 하는 것을 말이다. 그렇다면, 그냥 지금 하는 일을 즐기는 게 최고다. 즐거운 일을 찾으러 온종일 쏘다닌다고 해도 쉽게 찾을 수 없다.

막상 좋아하는 걸 일로 마주했을 때는 느낌이 다르다. 즐거운 일과 해야 하는 일의 간극은 분명 존재하기 마련이다. 즐거운 일이 '해야만 하는 일'로 바뀌어도 금세 지칠 수 있다. 일이라는 건 어차피 '일'이다. 좋아하는 일을 즐기듯 지금 해야 하는 일을 즐기는 게 더 나은 길이다.

나는 일을 즐겼다. 속된 말로 '망한 적'도 있다. 남들이 나에게 망해서 어떡하느냐고 했을 때도, 다시 시작하는 일에만 몰두했다. 즐거운 일은 내가 만드는 게 빠르다. 내가 좋아하는 일을 하는 것, 그리고 그 일이 성공을 하는 것. 그건 누구나 바라는 일이다. 그렇다고 누구나 할 수는 없다. 그러니 나 스스로 일을 즐기기 바란다. 그럼 성공은 뒤따라온다.

누구에게든 도움을 주고 싶지만 내가 알고 있는 게 전부가 아니고, 정답도 아니다. 다들 선택 할 수 있는 안목이 있을 거라 생각하고 편하게 썼다.

나는 내가 생각한 게 아닌, 행동한 일들을 페이지에 채웠다. 즐기는 삶이 중요하듯 해야만 하는 일이 있다는 걸 이 책을 통해 알 수 있길 바란다.

나는 다시 약속했다. 투어컴이 10조 원 매출 발원지 그룹이라고.

내 약속이 이루어지기까지 얼마의 시간이 걸릴지 모른다. 하지만 약속을 한 이상 나는 지켜야 한다.

새로운 전환점

내 인생에 있어 가장 새로운 전환점이 있던 시기를 고르라면, 2006년 1월을 택할 수 있다. 사업을 새로 시작했다거나, 성공한 날이 아니다. 다름 아닌 카네기 코스 교육을 받은 날이다.

새로움과 전환점을 향하는 건 내 천성이기도 하다. 하지만 나의 변화에 '혁신'이라는 살을 붙이게 된 계기는 바로 카네기 교육 덕분이었다.

남들은 1번 정도 하는 카네기 코스를 나는 5번 이수했다. 이 교육을 통해 언제나 초심처럼 성장할 수 있는 계기가 되었다. 그저 한 번의 생각전환이 아닌 다섯 번의 생각전환이니 남들의 5배는 더 발전하게 된 계기가 아니었을까? 그래서인지 그때 만나게 된, 최염순 소장, 유길문 회장, 그리고 김희락 원장을 내 삶 평생 은인이라고 생각한다.

진인사대천명盡人事待天命이라는 말이 있다. 최선을 다 해보고 나머지는 하늘에 맡긴다는 말이다. 간혹 사람들은 무작정 종교에 의지하기도 하고, 어떻게든 될 거라는 막연함 속에서 살아가기도 한다.

나는 무엇이든 최선을 다한다고 당당하게 말할 수 있다. 그러다 보니 어찌 되었든 최선을 다한 나부터 잘돼야 한다는 생각이 깊다. 막연한 믿음에 빠지기보다는 내가 먼저 잘되기 위해 힘을 쏟는 이유는, 그래야만 곱하기 인생이 온다고 믿기 때문이다.

보이지는 않지만, 하늘의 뜻과 도움이 분명하게 있다고 생각한다. 하늘이 내 능력의 수에 같은 숫자를 곱해준다고 생각한다. 예를 들어 아무리 하늘의 뜻을 믿는 사람이라 해도, 자신의 계발을 돌보지 않는다면, 그건 숫자 1과 같다. 하늘이 도우려 그의 능력을 곱해봤자, 제자리일 뿐이다. 그러나 내가 최선을 다하고, 공부한다면 내 능력은 2, 3, 10, 그 이상일 수 있다. 하늘은 이런 내 노력의 숫자에 같은 수를 곱해준다. 나는 언제나 이렇게 곱하기 삶을 산다고 믿는다.

내가 생각하는 진인사대천명이란 결국 이러한 곱하기 인생에 대한 말이 아닐까 싶다. 독서토론회 리더스클럽을 처음 나가게 된 계기, (사)전국독서동아리클럽연합회장이 된 것 모두 데일 카네기 코스 교육 덕분이다. 내가 최선을 다해 살아왔으며, 전환점을 위해 2006년에 받은 카네기 코스 교육이 곱하기 인생을 살게 된 계기다.

새로움, 전환점을 다들 멀리 있다고만 생각한다. 맞는 말이다. 나

〈님의 침묵〉

한용운

님은 갔습니다. 아아, 사랑하는 나의 님은 갔습니다.
푸른 산빛을 깨치고 단풍나무 숲을 향하여 난 작은 길을 걸어서
차마 떨치고 갔습니다.
황금의 꽃 같이 굳고 빛나던 옛 맹세는 차디찬 티끌이 되어서
한숨의 미풍에 날아갔습니다.
날카로운 첫키스의 추억은 나의 운명의 지침을 돌려놓고
뒷걸음쳐서 사라졌습니다.

나는 향기로운 님의 말소리에 귀먹고 꽃다운 님의 얼굴에
눈멀었습니다.
사랑도 사람의 일이라 만날 때에 떠날 것을 염려하고
경계하지 아니한 것은 아니지만,
이별은 뜻밖의 일이 되고 놀란 가슴은 새로운 슬픔에 터집니다.

그러나 이별을 쓸데없는 눈물의 원천으로 만들고 마는 것은
스스로 사랑을 깨치는 것인 줄 아는 까닭에
걷잡을 수 없는 슬픔의 힘을 옮겨서 새 희망의 정수박이에
들이부었습니다.
우리는 만날 때에 떠날 것을 염려하는 것과 같이,
떠날 때에 다시 만날 것을 믿습니다.

아아 님은 갔지마는 나는 님을 보내지 아니하였습니다.
제 곡조를 못이기는 사랑의 노래는 님의 침묵을 휩싸고 돕니다.

도 어느 하나 가까이 있지 않았던 시기를 보내기도 했다. 하지만 길의 끝에서는 다시 시작하는 길이 나오는 법이다.

나 스스로 조금씩 새로움에 무뎌지고 있을 때, 내가 걸어온 길 뒤를 돌아보았다. 좁고 어두웠던 길마다 가로등이 하나씩 켜진 것처럼 환했다. 전환점이나 새로운 길은 이미 내가 지나온 길에 만들어져 있을지도 모른다. 하지만 뒤를 돌아보는 법조차 내가 잊은 건 아닌지 생각해야 한다.

삶의 전환점을 만들어야 하는 이유는 분명하다. 다시 새로운 시각을 키우는 이유 중 하나지만 그보다 더 중요한 건 내 삶의 질을 높이기 위해서다.

삶의 질이라는 건 돈으로도 충분할지도 모른다. 하지만 국가에서 국민총생산량으로 행복의 질을 평가할 수 없듯이 행복기준 절댓값이 돈일 수는 없다.

이번엔 사업이 아닌 내 행복 기준에 대해 생각을 했다. 남들은 내가 여유가 넘쳐서 이 생각을 했을 거라 예상하겠지만 반대였다. 잘 되던 사업도 점점 위축되던 시기였다. 사방이 어려움이었지만, 자신감은 있었다. 다만 내 행복이 부족했다. 어디에 행복의 근간을 둬야 하는지 어려웠다. 나는 어릴 적 기억까지 끄집어냈다.

어릴 적 살던 동네는 작은 시골 마을이었다. 전주 시내로 등하교 하는 길이 길게 느껴졌다. 왜인지 모르지만 내 손에는 늘 시집이 들려 있었다. 집에서 뒹굴던 책이었는지, 내가 산건지 기억은 없다. 가벼워서 내가 먼저 손에 들었는지 누가 손에 쥐여주었는지도 명확하지 않았지만 나는 늘 시집을 들고 다녔다.

혼자 동구를 터덜터덜 걸으면서 시를 읽었다. 시어 사이 공백이 좋았다. 소설처럼 다 설명해주지 않아 어렵기도 했지만, 계속 읽었다. 속으로 시의 언어를 상상했다. 대충 덮었다가 다시 아무 페이지나 펼쳐 읽어도 시를 읽기에는 충분했다. 천천히 걷다가 혼자 읊조리기 시작했다.

내가 가장 기억에 남는 시는 한용운의 님의 침묵이다.

학교에서 배웠던 시다. 혼자 읽을 땐 달랐다. 마치 처음 읽는 시처럼 느껴졌다. '님'과 '날카로운 첫키스'라는 단어에 혼자 두근거리기도 했다. 시라는 건 똑같은 내용이지만 늘 다른 감정을 불러 일으켰다.

단순했던 그 시절이 좋았다. 누군가 만들어둔 길대로 걷기만 해도 충분한 나날들이었다. 부모님이 알려준 대로 학교를 가고, 학교에서 알려주는 대로 공부를 하면 됐다. 평온한 일상이 지루하기도 했지만, 그 안에서 시라는 재미를 찾아냈다.

나는 어릴 적 기억을 따라 다시 시를 읽기 시작했다. 행복은 마음의 움직임이 아닐까 싶었다. 내 감정은 여전히 시 한 편에 쉽게 두근거렸다.

사람 버릇 참 무섭다. 시를 읽으면서 다시 다른 일을 몰두하는 나를 발견했다. 깊은 기억처럼 읽고 외우는 것에 만족하지 못했다. 시를 한 편 외우고 나서 독서클럽에 갔다. 강의가 끝나갈 때쯤 사람들에게 제안을 했다.

"제가 시를 한 편 준비했는데요. 여러분 앞에서 낭송을 해도 될까요?"

사람들은 어리둥절하면서 고개를 끄덕였다.

알다시피 나는 많은 사람들 앞에서 말을 잘 못한다. 그럼에도 불구하고, 늘 하던 대로 '떨리는 대로' 낭송을 했다. 사람들은 손뼉을 치며 잘 한다고 말했지만, 내 마음에 드는 실력이 아니었다. 안 되겠다 싶었다.

우선 스피커를 샀다. 소리도 잘 나오고, 들고 다니기에 무리 없는 사이즈였다. 혼자 집에서 마이크를 잡고 연습했다. 그래도 만족하지 못했다. 평생교육원 시낭송 프로그램에 등록했다. 내 욕심만큼 연습했다.

그리고 독서클럽에서 낭송을 하겠다고 자주 제안했다. 사람들은 점점 나아지는 내 실력에 놀라는 눈치였다. 내가 만족하는 실력이 될 때까지 했다. 내 행복이 시낭송이 되자, 더 많은 사람들에게 보여주고 싶었다.

독서클럽을 다니고, 평생교육원에서 시낭송을 배우면서 일에 집중하는 시간이 줄어들었다. 희한한 일이다. 시를 배우고 마음에 행복이라는 감정이 싹트자, 일이 잘 풀렸다. 한 가지를 더 깨닫게 되었다. '일의 성공'이 아닌 '나의 행복'이 더 중요한 요소라는 걸 말이다.

더 많은 사람에게 보여주고 싶었다. 강연장을 알아봤다. 몇 백 명을 수용할 수 있는 곳을 빌렸다. 공연에 맞는 기획을 하고 연주자들도 섭외했다. 주변 사람들을 초대했다.

"네?"

사람들의 첫 마디는 다 똑같았다. 아마추어 시낭송자가 넓은 공연장에서 낭송한다는 게 놀라울 만한 일이기는 했다. 나도 내심 그 많은 좌석을 다 채울 수 있을지 조마조마했다. 그래도 이미 시작한 일이었다. 작은 걱정으로 고민할 시간은 없었다. 고민하는 시간을 연습시간으로 바꿨다.

시낭송회는 당연하게도 성공했다. 뿌린 대로 거둔다는 말처럼 연습한 시간만큼 실력이 쌓였기 때문이다. 좌석 빼곡히 사람이 채워져 있었고, 나는 떨려도 떨리는 대로 모든 시를 낭송했다. 마지막 낭송에서는 나도 모르게 왈칵 눈물이 쏟아질 것만 같았다.

사람들은 나를 '리틀 칭기즈칸'이라고 부른다. 칭기즈칸의 시를 자주 낭송을 했기 때문이다. 나는 칭기즈칸이라는 시뿐만 아니라 그 사람 자체를 존경한다. '리틀 칭기즈칸'이라는 별명이 기분 좋은 이유이다. 사람들이 그 이름을 불러줄수록 나 또한 칭기즈칸의 삶을 닮기 위해 노력하는 것. 그 노력이 기쁘다.

시는 어렵지 않다. 발견의 재미가 있다. 시를 그저 외우고 낭송하는 것만으로 부족하다는 생각이 들자, 기업 컨설팅 강의를 시낭송과 함께 했다. 어떻게 하느냐고? 시에는 그 한 사람의 철학이 들어있다. 아름답고 깊은 그 마음을 먼저 알려주고, 그 방향으로 기업을 운영하는 방식을 말해주는 식이다. 궁금하다면 내 강의를 찾아와 들으면 된다.

무엇이든 엮을 수 있다는 건 시와 강의만이 아니다. 나는 판소리와 시낭송을 엮어서 공연한 적도 있다. 사람들이 보통 따분하다고 생각하는 건 둘 다 마찬가지다. 그런 시와 판소리의 조합이라는 건 기대를 안 하기도 한다. 하지만 막상 그 둘을 엮으면 제대로 하모니가 만들어진다.

나는 '판클럽'이라는 팀 명으로 2015년 전국 시낭송 퍼포먼스대회 대상을 받았다. 나뿐만 아니라 많은 사람이 이 하모니를 즐기고 있다. 또한 요 근래에는 KBS 〈국악한마당〉에도 시낭송과 판소리라는 컬래버레이션collaboration이 소개될 정도다. 지금은 융합의 시대다. 나와 김민영 명창의 융합처럼, 어떤 형식 안에서만 내 취미와 생각을 가두지 말아야 한다. 좋아하는 일을 더 즐길 수 있도록 다른 무엇과 융합해 보라고 권유하고 싶다.

상상할 수 없는 걸 상상해야 한다. 시는 상상할 수 없는 걸 상상하는 가장 최적의 분야다. 내 마음은 호수라고 말하는 은유만 보아도 한계가 없다는 걸 쉽게 알 수 있다.

상상을 상상만으로 그쳐서는 안 되다고 나는 늘 강조했다. 시를 통해 상상에 대한 그림을 그리는 것만으로도 충분하지만, 사업을 하면서 그것을 일상으로 가져오는 것. 그로 인해 마음에는 여유가 자라난다. 너무 각박한 현실과 마주하고 있지 않고, 그렇다고 상상만 하지 않고 직접 움직이는 것. 그것이 여유다. 달리 무엇이 여유겠는가.

이런 상상과 실제적인 일상과의 융합을 통해 나는 세계 최초 후불제 여행사뿐만 아니라 매달 바뀌는 명함과 시낭송하는 CEO라는 나만의 캐릭터를 가질 수 있게 되었다.

행복의 기준을 잡는 걸 어려워하는 사람이 있다. 기준은 없다. 어렵다고 기준을 잡는 순간 어려워진다. 내가 아무 걱정도 없이 즐거워했던 기억만 떠올릴 수 있다면, 행복은 멀리 있지 않다.

간혹 '내 시간'을 미루는 사람도 있다. 그 어떤 시간도 미룬다고 늘어나지 않는다. 미룬 만큼 더 멀어진다는 말이 사실에 가깝다.

기억의 추억을 믿으면 된다. 좋아하는 일과 좋아했던 일을 떠올리면서 삶을 즐긴다면, 그 자리가 바로 삶의 전환점이 될 수 있다.

다시, 끝은 없다

사람들은 이 정도에서 그만할 거라고 생각한다. '그만한다'는 위험한 생각은 하지 말자. 내 시간은 유지되고 있고, 계속 지나가는데, 왜 멈추려고만 하는가. 아직 시간은 많다. 계속 움직여야 한다.

영어공부를 시작했다. 주변 사람들은 왜냐고 묻는다. "왜?" 공부를 하냐고 묻는다면 할 말이 없다. 세상은 넓고 할 일은 많다. 나는 그중에 영어공부를 택했을 뿐이다. 누구나 때에 따라 자신이 선택한 '파고드는 일'이 필요하다.

영어공부에 늘 갈망하는 부분이 있었다. 사실은 필요하다 생각하면서도 어디서부터 시작해야 할지 몰랐다. 투어컴㈜에서 운영하는 화상영어를 4년 동안 했다. 도움이 되는 것도 같고, 안 되는 것도 같았지만 꾸준히 했다. 그러다 어물쩍 배울 바에는 제대로 배우자는 생각이 들었다. 어학연수를 가기로 결심했다. 결심을 세우니 계획이 따라왔다.

넉넉하게 4개월 일정을 잡았다. 회사와 연계된 어학프로그램이 있었다. 마닐라로 정하고 세부사항을 짜고 나니, 회사 걱정이 앞섰다. 뭔가 잘못하고 있는 느낌이 들었다. 잘못이라고 생각하는 순간부터 걱정이 밀려왔다. 내가 없는 기간 동안 회사에 일이 생기면 어떻게 해야 할지 뾰족한 수가 떠오르지 않았다.

책상에 앉아서 믿는 직원들 얼굴을 하나둘 떠올렸다. 걱정이 자연스럽게 뒤로 밀려났다. 하겠다고 마음먹었을 때, 못 하게 되면 무엇보다 내가 견딜 수 없다는 걸 잘 알았다. 그리고 회사에서 나 하나 빠진다고 망할 회사였다면, 어학연수는 꿈도 안 꿨을 일이었다.

나는 회사도 중요하지만, 내 자신도 중요하게 여기는 사람이다. 공부에 대한 욕심을 굳이 줄일 필요 있겠냐 싶었다.

시간이란 놈이 언제나 나를 기다려 주지 않는다. 생각이나 기회를 공평하게 주지도 않는다. 지금 생각했다면, 지금이 바로 그 기회다.

아내의 응원도 힘이 됐다.

"언젠가 갈 거라고 생각하면, 지금이 제일 빠른 게 맞지."

역시 나와 함께 산 세월만큼 같은 생각이다.

내부에 생길 문제가 있었다면, 그전에 터졌을 거라 생각하니 마음이 놓였다. 문제라는 게 생겼다면 사실 내가 있다고 해도 백 퍼센트 처리 가능할 거라 확신할 수도 없었다. 어쩌면 나는 어학연수를 마음먹은 순간부터 이 생각들을 가져왔을지 모른다.

"에라이 모르겠다." 하고 냅다 가방을 쌌다.

공항에 내려 따가운 햇살을 받으면서 생각했다.

"기분 정말 기똥차군."

회사와 관련 된 생각은 아무것도 하지 않았다. 마음이 그렇게 평화로운 게 얼마 만인지 몰랐다.

원 없이 공부했다. 모든 수업이 영어로 진행되니 집중하지 않으면 몇 시간을 더 고생해야 했다. 집중할 수밖에 없었다. 수업이 없는 날에는 바닷가에 앉아 많은 생각을 하고 돌아오곤 했다. 가장 큰 걱정은 회사였다. 당연한 건지 모르겠지만 회사는 나 없이도 잘 돌아갔다.

하지만 어둠의 이면도 드러나기는 했다. 이 글을 읽는 독자들이 예상했을지 모르지만, 잃은 건 있었다. 내가 중요하게 생각하는 직원이 회사에서 떠난 것이다. 내 친한 친구이자 동료였다. 왜라고 생각을 하거나 상대에게 따지지는 않았다. 힘들 때도 곁에 있었던 친구였기 때문이다. 왜라고 이유를 들춰봤자, 좋은 일 없을 거라 판단했다. 각자의 사정이라는 건 존중해야 한다.

반대로 얻은 일도 있다. 공부 하나로도 충분할 거라 생각했지만, 그곳에서 만난 지인을 통해 필리핀 법인 사업의 기초를 쌓게 됐다. 생각지 못했던 건강이라는 것도 얻게 되었다.

어학연수 초반, 수업이 없는 날은 방에 앉아 복습만 했다. 공부를 즐기는 시간도 잠깐이었다. 슬슬 방이라는 공간이 답답해졌다. 늘 전국을 쏘다녔던 게 몸에 남아 있었으니 당연했다. 몸에 밴 버릇 때문에 집중되지 않는 시간이 잦아졌다.

'내가 이러려고 온 게 아닌데…'

바로 집 밖으로 나왔다. 처음 느꼈던 따뜻한 풍경을 보고 걸었다. 골목골목을 걸었다. 바닷가에 앉아 가만가만 음료를 마시기도 했다. 마음이 한결 편안해지는 걸 느꼈다.

고작 네모난 방 하나에서 나왔을 뿐인데 문 밖의 세상은 낯설었다. 이국에서 맞이하는 모든 걸음이 새삼스럽게 느껴졌다.

모든 공부의 포인트는 '써먹는 일'이다. 배운다는 건, 깨닫고 행동해야 한다. 내가 모든 걱정을 물리치고 마닐라에 있는 이유를 생각했다. 그리고 집 안에서 혼자 중얼거리고 학원에서 말하던 영어가 문밖에서 더 늘어난다는 걸 알았다. 실제로 마주하고 직접 부딪치니, 활용할 수밖에 없었다.

아침마다 일찍 일어나 운동을 했다. 쉬는 날에는 펜을 내려두고 바깥으로 나갔다. 수영을 하고 시장을 돌며 시간을 보냈다. 아는 길도 괜히 지나가는 사람에게 물었다.

허리가 4인치, 몸무게가 6kg 줄어들었다. 힘들어서냐고? 반대다. 몸이 자연스럽게 건강해졌다. 한국에서 바쁘다는 핑계로 건강관리를 따로 하지 못했다. 끽해야 건강한 집밥과 보약정도가 다였다. 필리핀에 와서는 달라졌다. 관리하는 방법을 자연스럽게 터득했다.

건강은 움직여야 지킬 수 있다. 가만히 앉아서 먹을거리로 관리하기엔 한계가 있다. 내가 직접 겪으니 알게 됐다. 기초대사량이 높아지니 아침이 달라졌다. 원래 몸에 밴 일찍 일어나는 습관 덕도 있었지만, 평소보다 더 개운한 아침을 맞이할 수 있었다. 물론 기분 탓일 수도 있겠지만 혈색도 좋아졌다.

그야말로 일거이득一擧二得을 넘어서는 일거다득一擧多得이었다.

어떤 게 더 이득인지 깨닫는 건 결과로 알게 된다. 하지만 결과론적인 이론은 상대에게만 중요하다. 나에게 더 중요한 건 이 결과를 얻게 된 과정이다. 다행이도 내 결과는 만족이었다. 만족을 한 사람은 오히려 직원들과 가족들이었다.

그러나 내가 더 크게 생각하는 만족은 내 과정이다. 모든 건 과정이 있어야 결과가 있다. 나는 과정을 통해 '끝은 없다'는 걸 다시 깨달았다.

나보다 더 나은 사람

아내에게는 고맙다는 말이 부족하다.

내가 사업을 망했을 때였다. 막막하다는 말밖에 생각나지 않았다. 아무리 긍정적인 나라고 해도, 집에 있는 가족을 생각하자 실패를 쉽게 털어내기 어려웠다. 그런 내게 아내가 말했다.

"내가 나가서 일하면 돼."

나를 염려한 말이기도 했지만, 온전히 아내의 성격이다. 아내는 강하다. 늘 옆에서 배우고 있다는 생각을 해왔다.

내가 여러 사업을 통해 스스로 발전을 할 수 있던 이유는 내 긍정적인 성격에 더해진 아내의 강한 성격 덕분이었다. 사업 파트너가 중요하듯 인생의 파트너도 중요하다.

내가 지방을 돌며 일을 했을 때, 아내와 딸 명제는 어떤 불만도 없이 나를 응원했다. 불만이 왜 없겠냐 싶지만, 내가 불만신호를 감지한 적은 단 한 번도 없었다. 내가 다시 일어서야 한다, 잘 해야겠다는 생각이 앞선 이유 중 하나였다. 소리 없는 응원이 내 뒤에서 울렸기 때문이다.

아내는 시댁에 명제를 맡기고 백화점에서 일을 하기 시작했다. 여성복 판매였다. 처음 하는 일을 잘 할까 염려했지만, 역시나 성격만큼 했다. 일을 시작한지 얼마 되지 않아 여기저기 매장에서 아내를 스카우트하려 안달이었다.

아내는 백화점 일을 '어쩔 수 없이 해야 하는' 직업으로 받아들이지 않고, 오로지 그 시간을 즐겼다고 한다. 다양한 사람들과의 만남과 스스로 성과를 내는 만족이 만든 결과였다.

내가 아내를 대단하다고 치켜세우는 건, 가장을 대신해 일을 잘 하고 못 하고의 문제가 아니다. 나를 편안하게 만들어 주고 안심시켜주는 부분이다. 내가 버릇처럼 생각하고, 행동하는 일 다음으로 하는 건 아내라는 이름을 떠올리는 거다. 아내 생각만으로도 마음이 따듯해지고 든든해진다.

가족 안에서도 배려라는 건 참 중요하다. 가정에서 배려하고, 배려받는 사람이 사회에서도 그렇게 행동한다. 어쩔 수 없이 배려하지 못한다는 말은 이해되지 않는다. 상대가 먼저 배려 해줘야 한다고 생각하는 것도 잘못된 생각이다.

내가 먼저 해야 한다. 내가 배려 받고 싶으면, 인정받고 싶다면, 먼저 하면 되는 일이다. 그렇다면 상대도 나와 똑같이 대해주기 마련이다.

"요즘엔 그러면 호구(?)로 봐요."

이런 말을 들은 적도 있다.

언제부턴가 사람들은 내가 먼저 하는 배려에 선입견을 갖기 시작했다. 내가 선행하는 게 마치 게임에서 지는 일과 같다고만 생각한다. 이건 요즘 말로 케이스 바이 케이스case by case다. 상대가 굽혀 들어올 때, 악용하는 사람도 물론 있다. 그런 경우가 있으면, 지는 일이라고 충분히 생각할 수 있다.

하지만 내가 하는 배려는 상대 앞에서 괜히 어수룩하게 굴고 스스로를 낮추라는 말과는 다르다. 물론 이건 지는 일이 된다. 상대를 배려하는 마음과 함께 관계에서의 냉철한 시각을 가져야 한다. 상대방을 배려하되 모든 걸 수용하지 않아야 한다.

상대의 입장을 염두에 두자. 하지만 내 입장을 상대에 맞추기만 하면 안 된다. 최소한의 예의를 갖추고 관계를 맺자.

아내는 상대의 마음을 읽어내는 데 선수다. 내 마음을 가장 많이 읽어냈다. 나는 가끔 놀란다. "내 안에 언제부터 있었던 거지?"라고 느낄 때가 한두 번이 아니었다. 아내는 밖에서도 최소한의 예의를 갖추고 사람을 대했을 게 분명하다. 상대의 입장에서 말을 듣고 자신의 입장까지 말했을 테니, 속된 말로 뒤통수 안 맞고 사회에 잘 적응했으리라 생각한다.

아내는 아직도 일을 한다. 아이만 예쁘게 키워줘도 충분한데, 일을 한다. 하지만 아내가 하는 걸 일이라고 말하기엔 어색하다. 스스로가 즐기고 있기 때문이다. 처음 일을 시작했을 때는 경제적 사정이 이유였다. 하지만 지금은 그때와 다르다.

일을 시작한 이유에 대해, 불필요한 감정을 배제하고 현실을 무덤덤하게 마주한 결과다.

가족이라는 단어를 접할 때, 우리는 비슷한 감정을 갖는다. 고맙고, 미안한 존재로 큰 의미라고 생각한다. 나 또한 마찬가지다. 가족이 있기에 내가 있다. 여기서 아내의 얘기를 하는 이유는 그 감정의 연장선이기도 하다.

사업의 파트너, 동료보다 더 중요한건 나를 지지하는 가족이다. 물론, 나도 가족 구성원을 지지하는 사람으로 존재해야 한다. 그러면서 평생 함께 할 파트너의 개별성을 인정해야 한다. 사람마다 특징이 다르듯 가족이라 해도 무조건 맞는 부분만 있을 수는 없다.

아내는 나와 가장 친한 친구다. 우리는 서로를 믿고, 스스로를 믿고 있다. 가끔 거래처와 술자리를 갖게 되면 늦는 일이 부지기수로 생긴다. 아내는 한 번도 이런 일로 '바가지를 긁은 적'이 없다. 나도 마찬가지다. 아내가 늦는 일에 툴툴대거나, 잔소리를 한 적 없다. 주변 사람들은 이걸 무관심이라고 읽기도 한다.

무관심과 배려는 다른 의미다. 무관심은 있으나 마나 한, 신경을 아예 안 쓰는 마음이지만, 우리는 신뢰를 바탕으로 각자의 생활을 인정한다. 이건 무관심이 아니다. 아침이든 오후든 서로의 퇴근 후 일정을 미리 말한다. 보고가 아니다. 걱정을 덜어주는 일이다.

생각보다 늦었을 때는 어떻게 하냐고? 그땐 당연히 전화를 한다.

"어디야?", "왜 늦어?"라는 말은 삭제한다.

"지금 괜찮지? 별 일 없지?"라고 묻는다.

정답은 아니다. 우리 가족의 방식이다. 다른 가족들도 마찬가지일 거라 생각한다. 저녁 늦게까지 안 들어오면, 사실 저 말을 먼저 하고 싶었던 게 아닐까? 하지만 걱정보다는 "어디서 뭘 하기에"라는 말이 먼저 나오는 '아'와 '어'의 차이일 뿐이다.

같은 말도 순서만 바꾸면, 배려가 되고 상대를 존중하는 표현으로 바뀐다. 존중의 시작은 가장 가까운 내부에서부터 시작해야 한다.

세상에서 가장 맛있는 밥은 집밥이다. 나는 웬만하면 집에서 밥을 먹으려 노력한다. 가족과 함께 하는 식사 시간은 걱정과 근심을 마음 구석에 숨길 수 있는 시간이다.

나에게 세상에서 가장 편안한 한 곳을 정하라고 한다면, '집'이라고 말한다. 모든 사람들에게도 '집'을 편한 곳으로 정하라고 추천한다. 집에서 편안함을 느꼈을 때, 얻는 게 가장 많기 때문이다.

내부를 먼저 가꾸고, 내 삶에서 가장 중요한 걸 안에서 찾는 사람이 바깥의 중요한 일을 해낼 수 있다. 돈이 우선이고, 내 일을 우선으로 잡기 전에 가정을 우선으로 두길 바란다.

아내에게 물어본 적이 있다.

"당신 성격인 거야?"

"뭐가?"

무슨 말인지 모르겠다는 눈치였다.

"내가 늘 고꾸라졌을 때, 한 번도 닦달하지 않은 거."

아내는 대수롭지 않게 말했다.

"언젠가는 분명히 될 거라고 믿은 거야. 그 이상도 이하도 아니야."

아내의 대수롭지 않은 말이 가슴을 파고들었다.

나는 사람들에게 상대를 믿으라고 하면서도 정작 나를 믿을 거라는 생각을 뒷전에 두었다. 늘 아내에게 미안했지만, 아내는 무덤덤했다. 아내의 무덤덤한 행동은 나를 믿는다는 의미였다. 아내 말대로 미안해할 필요는 없었다. 그건 아내가 나에게 갖고 있는 믿음에 대한 배신이다.

물론, 이런 아내를 둔 내 복이 크다. 하지만 명심하길 바란다. 내가 원하는 아내로 만드는 건, 온전히 자신의 몫이다. 어떻게 행동하느냐에 따라서 현명한 아내로 만들 수 있다.

만날 아내를 닦달하고, 잔소리만 쏟아 낸다면 그 말대로 바뀐다. 아내를 믿자. 그 다음엔 현명하다고 말해 줘라. 그 믿음과 말만으로도 똑똑한 아내를 얻을 수 있다.

여행 같은 인생

<귀천>

천상병

나 하늘로 돌아가리라
새벽빛 와 닿으면 스러지는
이슬 더불어 손에 손을 잡고,

나 하늘로 돌아가리라
노을빛 함께 단 둘이서
기슭에서 놀다가 구름 손짓하며는,
나 하늘로 돌아가리라
아름다운 이 세상 소풍 끝내는 날,
가서, 아름다왔더라고 말하리라…

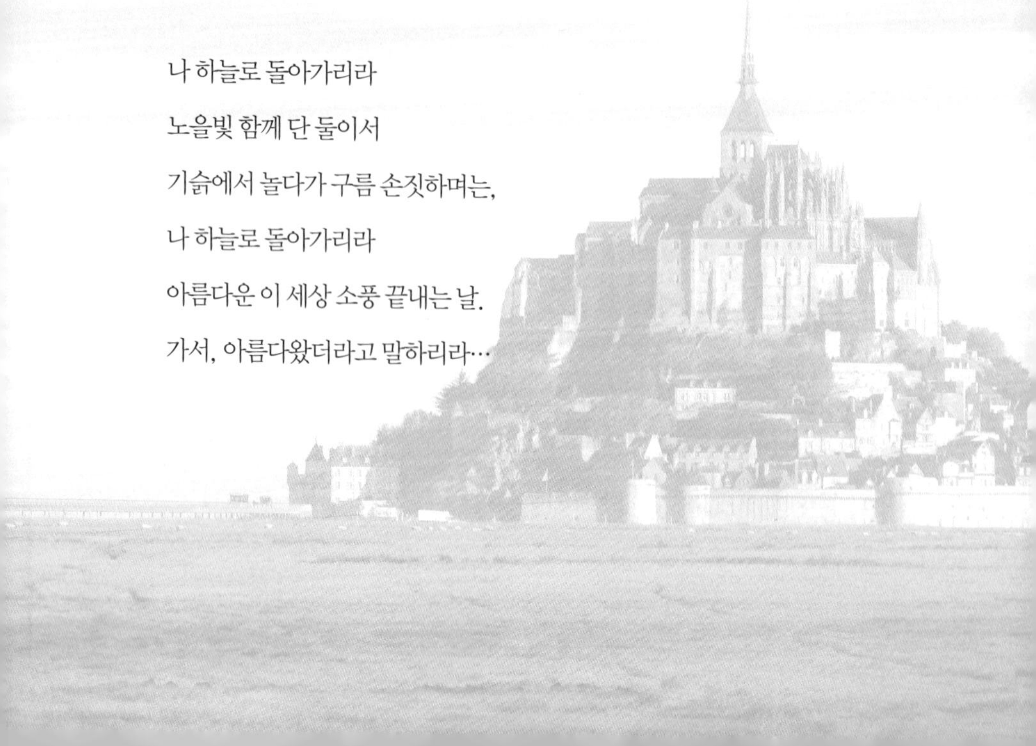

사람들은 떠날 때 간단한 짐을 꾸린다. 나도 언젠가 이 별을 떠나야 할 때가 온다. 그 날이 온다면, 간단하게 떠나고 싶다. 그래서 귀천도 여행의 연속이다.

나는 조금 급하게 삶을 달려온 것도 같다. 그래서 아직 먼 미래의 끝을 벌써부터 생각하기도 한다. 사람들에게 '내가 죽으면 돈은 모두 사회의 것이다.'라고 말하는 것도 조금은 빠른 유언(?) 같기도 하다.

하지만 미리 정해두고 나니 마음이 편안해 진다. 어렵게 생각하지 말자. 어차피 모든 인간은 많은 시간을 영유하고 떠난다. 지금이라는 시간 안에서 후회만 안 남겨도 충분하다.

지금까지 살아온 시간이 삶의 거름이 되었던 것처럼 앞으로의 시간은 단단한 바닥을 걸어 나가길 바란다. 욕심이라고 생각하지 않는다. 생각의 여유라는 건 스스로 만들어야 하기에, 나는 스스로 좋은 생각만 한다. 그 뜻대로 모든 시간이 풀어진다고 믿는 일만 남았다.

투어컴㈜을 만들고 회사를 키우면서 많은 곳을 다녔다. 그리고 많은 사람들을 만났다. 대부분의 사람들은 나에게 '어떻게'라고 물었다.

나도'어떻게'라는 말을 쫓아가며 그 사람처럼 될 거라는 기대를 가진 적이 있다.'어떻게'는 개인마다 다르다. 나만의 '어떻게'를 찾지 않

는다면 그건 도움 되지 않는다. 늘 스스로에게 질문해야 하는 이유다.

질문은 대답을 기대하게 된다. 그러면 자연스럽게 대답이 도출된다. 그게 바로 자신만의 '어떻게'가 된다.

사실, 나는 그리 대단한 삶을 살아오지 않았다. 지금의 자리가 대단하다는 생각도 안 한다. 하지만 대단한 삶이 아닌, 노력하는 삶에서 얻은 자리이기 때문에 스스로 만족한다.

늘 감사했다.

이 말만큼은 내 주변 누구에게든 하고 싶은 말이다. 나를 도와주었던 사람들은 물론이고, 나를 힘들게 했던 어떤 사람들에게도 고맙다는 말을 전하고 싶다.

어떤 방식으로 내 삶에 들어와 있었든 상관없다. 지금의 나를 있게 한건 그 전부라고 말해도 과언이 아니다. 앞으로도 감사할 일들이 많이 생기면 좋겠다는 생각을 한다. 더 많은 사람들과 좋은 일이든 안 좋은 일이든 함께 하고 싶다.

나는 멈추지 않는다.

멈추는 건 상상도 안 했다. 앞서 기록을 했듯 내 꿈은 커지고 있다.

커가는 꿈 앞에서 멈춤을 상상하면 안 된다. 모든 건 마음이 가는 대로 움직인다. 마음은 늘 앞서 있는 꿈에 집중해야 한다.

먼저 사랑해야 하는 존재는 있다.

늘 모든 사람에게 감사하고 개인의 꿈을 놓치면 안 된다. 하지만 그 중에서 먼저 사랑해야하는 존재는 있다. 바로 가족이다. 개인마다 가족에 대한 감정은 다르다. 하지만 그 어떤 일보다 가족이 먼저인 걸 잊으면 안 된다.

책이 나오기까지 많은 고민이 있었다. 내 이야기를 늘여 놓는 게 과연 누군가에게 도움이 될지 망설여졌다. 괜히 창피라도 당하면 어쩔까 하는 마음에 잠을 못 이룬 적도 있었다. 그럼에도 불구하고 책을 내겠다고 마음먹은 이유는 하나였다.

내 오랜 꿈이었기 때문이다. 꿈이라는 건 잡을 수 있는 기회가 있을 때 잡아야 한다. 나중이라고 미루면 그건 꿈이 아니었다고 착각하게 된다.

좋은 기회가 생겼고, 나는 잡았다. 하고 싶은 말이 많았지만 아꼈다. 말 수가 적당해야 더 적당한 이야기가 되기 때문이다. 나는 다 쓰

인 책이기 보다는 앞으로도 쓰일 책이길 바란다.

내 삶을 누군가에게 강요하고 싶지 않다. 다만 이런 행동과 마음으로 나라는 사람이 생겨났다는 걸 한 번은 말하고 싶었다.

딱 꼬집어서 감사해야 할 사람은 많지만, 굳이 얘기하지 않아도 전달되리라 생각한다.

앞으로 더 강하게 자라날 내 꿈을 위해서 나는 오늘도 미래로 출근한다.

- 시낭송 목록

1. 칭기즈칸
2. 섬진강 - 김용택
3. 돌아보면 모두가 사랑이더라 - 장시하
4. 촛불 앞에서 - 고은
5. 사모 - 조지훈
6. 엄마는 그래도 되는 줄 알았습니다 - 심순덕
7. 초혼 - 김소월
8. 승무 - 조지훈
9. 어느 대나무의 고백 - 복효근
10. 자화상 - 서정주
11. 주시 - 이태백
12. 꽃과 침묵 - 정채봉
13. 그대 그런 사람을 가졌는가 - 정현종
14. 귀천 - 천상병
15. 모든 순간이 꽃봉오리인 것을 - 정현종
16. 자화상 - 유안진
17. 가시 - 정호승
18. 초상집 - 유치환
19. 천년사랑 - 박종화
20. 치자꽃 설화 - 박규리
21. 아들에게 쓴 어머니의 글